中小工場のための
IoT構築入門

低コストで簡単にシステムをつくる

永山貴久［著］

日刊工業新聞社

はじめに

　本書は、中小工場でIoTの導入を考えている人に向けて自分でIoTを構築するにはどうすればよいのかを解説している。それに対して「市販のIoTパッケージを使えばよい」「IoTを自作するなど難しくてできない」と考える読者も多いと思う。しかし、実際に市販のIoTパッケージで目論見通りの効果を上げた例は少ないし、基本的なハードウェアに限っていえば、IoTの自作はそれほど難しくもない。さらに自作したIoTは市販品より信頼性は劣るものの、自社工場にマッチすることから利益に結びつけられる可能性は高くなる。

　そこで本書では、ラズベリーパイ（小型ボードコンピュータ）を用いて生産状況や現場のムダを見える化する、低コストなIoTシステムの構築手順を説明する。ただし、各種センサー類の使い方などについては言及しないので注意してほしい。

　なお、仮に挑戦した結果として自力での導入をあきらめたとしても、一度自らIoTに触れたり熟考したりしてから市販のパッケージを導入すれば、その成功率はかなり高くなると確信している。また、自作に向けたテストの費用は10万円もあれば十分なので、ぜひ一度試してみることをお勧めする。

　最後に、本書の内容を利用するにあたっては以下のことにご注意願いたい。

2019年5月　永山貴久

本書の内容を利用するうえでのご注意

- パソコン、インターネットの一般的な操作をひと通りできる方を対象としているため、それらの基本操作などは解説していません。
- 掲載している情報は2019年4月時点のものであり、ラズベリーパイの設定には「Raspbian Ver3.0」（ラズベリーパイのOS）を用いており、また、今後のバージョンアップについては一切対応しません。
- 本書で記述した内容について、著者の操作環境での動作は確認していますが、それ以外のすべての操作環境での動作は保証できないため、本書の内容を利用するにあたってはすべて自己責任で行ってください。
- 本書の内容を運用した結果のすべてについて、著者と日刊工業新聞社および関連する団体は一切責任を負いません。すべて自己責任で行ってください。

※本書に記載されている会社名ならびに製品名は各社の商標あるいは登録商標です。

●ダウンロードページ

http://pub.nikkan.co.jp/html/chusho_iot
日刊工業新聞社のダウンロードページおよび著者のサイト（http://kappa7t.com）では、以下のサンプルをダウンロードできます。詳細は「Readme.txt」を参照ください。
- 本書に記載されたラズベリーパイの各種設定コマンド
- IoTシステムをテストするための各種エクセルマクロ

中小工場のためのIoT構築入門
－低コストで簡単にシステムをつくる－

目　次

はじめに ………………………………………………………………… 1

序 章
自社工場にフィットした
IoTを構築するために ………………………… 5

第 1 章
工場のIoTシステムを構築する手順

1.1　IoTを構築するための準備として必要なことを知る ……………… **11**

1.1.1　工場におけるIoTの本質を理解する ……………………… **11**

1.1.2　IoTに必要な基本スキルを知る ………………………… **18**

1.2　IoTシステムを構築するための計画をつくる ………………… **24**

1.2.1　目的と目標を設定する ………………………………… **24**

1.2.2　プロジェクトチームをつくる …………………………… **29**

1.2.3　目標を定める ……………………………………………… **33**

1.2.4　システムを設計する …………………………………… **34**

1.2.5　ロードマップを策定する ……………………………… **36**

第2章
工場の情報を収集するシステムを自作する

2.1 ボードコンピュータとバーコードで見える化システムをつくる **40**

　2.1.1　ボードコンピュータ（ラズベリーパイ）とPCをつなぐ……… **40**

　2.1.2　バーコードリーダーを使って工程を見える化する ………… **70**

2.2 ウェブカメラを活用して、プログラミングが不要な
作業管理用IoTシステムをつくる ……………………………………… **82**

　2.2.1　生産性向上のための、ウェブカメラによる
画像の撮影・記録システムの使い方 …………………………… **83**

　2.2.2　ウェブカメラによる画像の撮影・記録システムの構築手順 … **84**

第3章
IoTで取得したデータを
意味あるものとして表示させる

3.1 何をどのように分析するか ………………………………………… **95**

3.2 分析結果をどのように表示させるか……………………………… **97**

3.3 表示システムを製作する時の選択肢……………………………… **99**

3.4 分析・表示マクロをつくってみる ……………………………… **101**

第4章
IoTの運用ポイントを目的別に把握する

4.1 生産性向上のためのポイント
－「見える化」と「カイゼン（小集団活動など）」に活かすために … **107**

4.2 不良率低減のためのポイント
－不良要因の絞込み用データを取得……………………………… **110**

3

4.3	情報共有によるシナジー効果のためのポイント	111
4.4	製品の付加価値向上のためのポイント	112
4.5	モチベーション向上のためのポイント	113
4.6	IT人材育成のためのポイント	114

第5章
エクセルマクロを使って
IoTをカスタマイズしてみる

5.1	マクロを使う準備	118
5.2	「マクロの記録」の使い方とマクロの実行	121
5.3	VBE（Visual Basic Editor）の使い方	123
5.4	Basicの基本構文とDebug.Print、Cells（ i, j ）、For Next、配列、If分岐	125
5.5	「マクロの記録」の編集とヘルプ、ネット検索などを用いたデバッグ	139
5.6	演算子（＋, -, *, /, ¥, Mod, ^, &, Not, And, Or）と文字列操作	146
5.7	外部ファイルの操作	149

付録1	WinSCP（フリーソフト）を用いたラズベリーパイ内のファイル参照	155
付録2	不良数を数えるサンプルプログラム	161
付録3	現品票を自動印刷するマクロの作成方法	162
付録4	オフラインヘルプの使い方	166
付録5	データ分析、グラフ化マクロの詳細	168

| 索引 | | 172 |

序章

自社工場にフィットした
IoTを構築するために

　最近、工場のIoT（モノのインターネット）についてよく見聞きする。また、インターネットで検索すると多くの成功事例を目にすることもできる。しかし、筆者の実感としては、IoTの導入に成功した事例はかなり少ない。IT系の知り合いからも、IoTの導入に失敗した例はよく聞くが、成功した話はほとんど聞かない。

　「そんなことはない」と思う読者も多いだろう。そう思う理由は2つあるようだ。1つは失敗事例に接する機会が少ないこと、もう1つは、投資した額に見合う効果が得られていなくても、一見すると成功事例に見えてしまうことだ。

　実際、筆者の知る限りでも利益に結びついていないIoT導入のケースは多い。例えば、IoTを導入したものの、1カ月も経たないうちに使われなくなってしまったケース、導入完了予定日から半年経つのにまだ工事中で経費を食いつぶしているケース、さらに、基幹システムの一部として導入したものの、IoTの機能だけが使用されずに放置されているケース、また、ひとまずIoTとして使ってはいるもののほとんどの機能が活かされずに導入前と変わらないシステム運用となってしまっているケースなど、枚挙に暇がない。

　こうしたIoTシステムは、導入時はひとまず動作したのだろう。安くても数百万円はするシステムなのだから、システムベンダー側としてもシステムとしての動作は約束するはずだし、動作させるだけならそれほど難しい話でもない。しかし、会社経営という観点で考えれば、単に動作するだけでは成功とはいえない。少なくとも投資額と導入時の生産性低下による減益を回収し、さらにそれ以上の利益をもたらすものでなければ投資として成功とはいえない。その観点から考えてみれば、冒頭の「IoTの導入に成功した事例はかなり少ない」

5

という認識を首肯する読者も多いのではないだろうか。

　それでは、どうすればIoT導入の成功率を上げられるのか。それが本書の主題である。その答を端的に表せば、「成功率を上げるためには、システムベンダーに導入を一任するのではなく、導入する工場自体がIoTの本質を理解し、自分たちに適合するシステムを構築する必要がある」ということになる。こう書くと、「そこまで必要なのか」とか「できるはずがない」などの疑問が生まれてくると思う。それらの問いかけに対する答を以下に示そう。

　まず、本書で取り扱うIoTとIoT導入の目的を明確にする。下の図のように、本書は中小製造業の工場を対象にしたIoTシステムの構築に的を絞っている。一般的にIoTという言葉から思い描くイメージは、スマートリモコンやロボット、ウェアラブル端末など生活に密着したものではないだろうか。しかし、本書では工場内のデータを取得して中小製造業の利益向上に役立つ技術だけをターゲットにし、「工場内の状況をデータ化してコンピュータ保存できる形に変換し、ネットワークを介してパソコン（PC）に転送してそれを可視化して表示するシステム」を前提に解説する。そして、IoTの素人でも自社工場にIoTを構築できるようにその手順をわかりやすく解説する。さらには、構築するだけでなく、利益に結びつけることを最終ゴールとする。

一般の IoT
スマートフォン、スマートウォッチ、スマート家電
ドローン、ロボット、自動運転、電子タグ、など

企業の IoT
基幹システム、POS、モニタリング
予防保全、遠隔制御、など

工場の IoT
工場の見える化
不良低減、
遠隔監視、など

IoTの導入カテゴリーと目的

序章　自社工場にフィットした IoT を構築するために

IoTは導入するカテゴリーごとに目的が異なる

　さて、それでは本書の意図するような IoT 導入を実現させるためにはどうすればよいのか。何よりも大切なことは、自社の工場における IoT への理解を深め、そのうえで自ら IoT システムを考えてみることである。それに対して「そんなことできるわけがない、コンピュータの中身なんてわからないし興味もない」と反論する読者も多いことだろう。しかし、システム（仕組み）を考えるのにコンピュータはいらない。システムとは、「どの作業をどういう順番でやれば目的を達成できるか」というように手順を形にしたものだから、コンピュータの知識と直接は関係しない。システムを考え、それを形にするということは、システムベンダーへの IoT 発注仕様書を作成できるようになる、ということと同義なのだ。工場に IoT を導入する場合、ほとんどのケースで発注仕様書が必要不可欠になる。すなわち、自ら IoT システムを考えることは、IoT 導入成功のための最も重要なステップとなるのだ。

　では、なぜ発注仕様書が必要になるのだろうか。通常、工場設備を購入するために発注仕様書を作成することは少ない。ほとんどの場合は既製の製品を選んで購入すればよいだけだ。しかし、こんな場合はどうだろう。

　例えば、あなたの子供が服装に強いこだわりを持っていたとしよう。その子供が小学校に入学することになったので、奮発して入学式用の服をオーダーメイドすることにした。しかし、子供にはお気に入りの古い服があり、入学式にはその服を着ていきたいと考えている。それを知っているからこそ、あなたはオーダーに細心の注意を払うことだろう。わが子がお気に召さない仕立てになってしまったら、せっかくの服も着てもらえなくなり、新しい服が無駄になってしまう。そんなことにはならないように、子供の好みを分厚い注意書きにまとめ上げてテーラーに発注するだろう。もしも、あなたに仕立ての心得があるのならば、購入後もわが子の好みに合わせて仕立て直そうともするだろう。

　この例え話は生産現場にもそのまま当てはまる。ほとんどの生産現場は変化を嫌い、使い慣れたお気に入りのシステムを離したがらない。使い慣れたシステムは工場によって千差万別で、システムベンダーが想定に基づいてカスタマイズをしたとしても、そのカスタマイズが完全に適合する可能性はほとんどない。さらによいか悪いかは別として、生産現場は論理よりも感情を優先する人間味に溢れた場所であるから、無駄になることがわかっていても、カスタマイズされたシステムを気に入らなければ使う可能性は低くなる。そういう状況で

7

IoTを導入しようとする場合、事前に十分な準備もせずにお仕着せのシステムを導入しようとすれば、一悶着起きないわけがない。

　それを未然に防ぐためには、しっかり生産現場の話を聞き、分厚い注意書き（仕様書）を作成し、導入後も生産現場に適合するようにていねいに調整していく必要がある。それができて初めて、システムは生産現場で命を吹き込まれ、売上から利益を生み出す強力なツールになるのである。

　生産現場との協力以外にも、IoT導入を成功させるのに必要な要因がある。IoT導入を決めてから最終的な成功に向かう途上で失敗に陥る可能性のある選択肢をまとめる（下図）。まず、自社開発を行わない場合、十分な資金（導入前、導入後のシステムベンダー側からのフォロー人員を確保できる金額）と、良心的で実力のあるシステムベンダーを探す必要がある。一方、自社開発を選択した場合は技術力が必要となる。この場合、すべてを自前で揃える必要はなく、一部を外部に委託するという選択肢もある。その場合は、IoTの一部のみの費用を負担すればよいので、システムベンダーへの一任（丸投げ）に比べれば遙かに少額の費用と低いリスクで導入を推進できるだろう。

　しかし、導入が成功したからといって、投資として成功しているわけではない。導入後、効率的な運用を図り、コスト削減や売上拡大に役立てることで初めて投資として成功することになる。

　いま、日本の製造現場にはIoTを推し進める要因が満ちている。少子高齢化による労働力不足への対応しかり、政府が強く推進する補助金を始めとしたさ

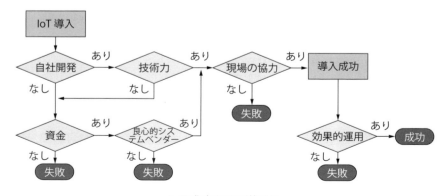

IoT成功までの道のり

まざまな施策もしかりだ。スマートフォン（スマホ）の普及により、センサー類は驚くほど低価格化し、センサーとの通信も一昔前では考えられないほど簡単になった。昔だったら数年かかっていたであろう、いまのIoT技術の習得も数カ月の努力で身につけられる。

本書はまさにそこに焦点を当て、いま流行のラズベリーパイ（Raspberry Pi：小型ボードコンピュータ）とセンサーなどのデバイスとエクセルとを組み合わせ、自社でIoTを構築できるようになることを1つの目標とする。導入コストを抑え、導入後の進化も期待するのであれば、IoTの中身にまで踏み込んで理解する本方法をお勧めする。

ただし、自分たちでIoTを開発するような余裕がない工場も多いだろう。そうした場合でも、本書の解説を読み、生産現場との連携を強めれば、システムベンダーなどに発注した場合の導入成功率を上げられるだろう。

なお、本書はクラウド（コンピュータネットワークを経由した、コンピュータ資源のサービス）については触れない。なぜなら、中小製造業の工場のIoT化ならばクラウドを使わなくても十分可能だし、クラウドを用いなければならないような大規模システム（国内外に多数の拠点があり、管理する加工機が数百〜数千台レベルという規模）になると中小製造業にはかえって使いにくいという事情があるからだ。ただし、クラウドストレージ（クラウドサービスとして提供されるオンラインストレージ）などに保存することで、複数拠点での参照を可能にするといった使い方なら簡単に実現できるので、興味のある方はインターネットで検索してみてほしい。

一方、本書が解説する工場のIoT化は、全面的なIoT導入からみればほんの入口に過ぎず、それに挑戦しようとする読者の皆さんにはその後も多大な努力を払ってもらうことになると思う。その途上で挫折してしまう工場もあるかもしれない。しかし、たとえ挫折したとしても、自分で開発することを前提にシステム構成を考えた経験は無駄にはならない。なぜなら、自社に適合するシステムのイメージを持つことで、明確な仕様をシステムベンダーに伝えることができるようになるため、丸投げするよりはるかに効率的なシステムを構築することが可能になるばかりでなく、システムベンダーの実力を見極める目も養われるからだ。

また、本書で説くIoTの基礎さえわかれば、それを発展させることで工場内への幅広い応用もできるようになるだろう。そうなれば10万円で自作したシ

ステムが、数百万円もする既製のシステムをはるかに凌駕する効果を上げることも期待できる。その理由は簡単だ。どんなに立派なお仕着せのシステムよりも、皆さんが自作した"しょぼい"システムのほうがはるかに生産現場にマッチするし、本当に必要な情報を集められるからだ。さらには、時間とともに進化を遂げて、いずれはお仕着せのシステムよりずっと立派なシステムになるはずだ。

　中小製造業といえども、否、中小製造業だからこそIoTの技術を学び、利用し、応用することで大きな成果を得ることが期待できる。であれば、IoTを自社の生産現場で上手く応用し、生産性向上や稼働率の改善、そして何より企業の収益性向上と働く人たちのモチベーションアップに役立ててほしい。それが本書の願いである。

第 **1** 章

工場のIoTシステムを構築する手順

1.1 IoTを構築するための準備として必要なことを知る

　本章では、IoTの効率的な導入と運用を図るため、工場のIoTとはどういうものなのか、それを構築するためにはどのようなスキルが必要なのかについてまとめる。

1.1.1 工場におけるIoTの本質を理解する

　工場におけるIoTの本質を考えるには、IoTを運用する主体としての生産現場をどう考えるかということ、および生産性向上に不可欠なIoTによる改善の定量化についての理解が必要になる。

(1) IoTの導入では誰が主役なのか

　生産現場の受け取り方でIoT導入の意義や成功率がどれくらい変わるのかについて、工場の見える化を目的としたIoTの導入を例に3つのケースから考えてみよう（図1-1）。この例では、製品につけられたバーコードを加工機ごとに読み取り、それぞれの製品がいつ、どこで加工されたのかを特定するシステムを想定する。

　①のケースは、システムを導入することで生産現場の負担は減るものの、生産現場がIoTに関与しないケース。②のケースは、システムを導入することで生産現場の負担が増え、さらに生産現場がIoTに関与しないケース。③のケースは、システムを導入することで生産現場の負担は増えるものの、生産現場も巻き込むケースだ。

11

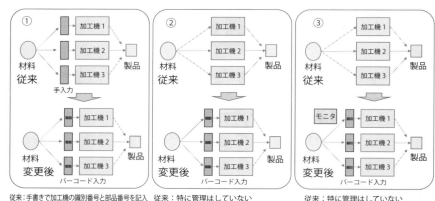

図1-1 IoT導入の3つのケース

【ケース①】

　顧客からの発注仕様には、「製品を加工した生産装置の履歴を添付すること」という項目が入っていた。そのため各製品が加工機を通過するたびに、部品番号と加工機の識別番号を所定の用紙に手書きで記入し、最後にそれらを整理した結果を製品につけて出荷していた。しかし、手書きによる人的なミスが発生したことから、手書きに代えてバーコード入力システムで部品番号と加工機の識別番号を記録することにする。

　従来の手書き作業をバーコードの読取りに置き換えることで作業効率が上がる。例えば、1つの製品につき10工程で記録し、手書きで12秒かかっていた記入作業を3秒に短縮できたと想定すれば、1製品につき記録時間を90秒（＝1.5分）ほど短縮できる。また、1製品当たりの平均加工時間を5時間（300分）とすれば、0.5％ほど生産性向上が期待できることになる。

　なお、このシステムは生産現場で歓迎されるだろう。なぜなら、物理的な時間削減の効果は小さくても、書き間違いなど余計な心配をしなくて済むため、心理的にかなり手間が削減されたと感じられるからだ。その結果、導入の成功率はかなり高くなる。

　すなわち、ケース①では、導入に成功して人的ミスを減らす効果は見込める

第1章　工場の IoT システムを構築する手順

ものの、生産性向上という点では大して効果を得られない可能性が高い。

【ケース②】

　「工場内の製品の流れを見える化する」といううたい文句に引かれたシステム担当者が、それまで何も管理していなかった工程に、ケース①と同様のバーコード入力システムを導入するとしよう。

　この場合、バーコードリーダーでバーコードを読むという作業が増えることになる。この作業に要する時間を3秒とし、1日に60個の製品が流れる工程を想定すれば、1日当たりの作業時間は180秒（3分）増えるだけである。

　しかし、このケースでは生産現場が嫌がる。なぜなら、普段から「効率化、効率化」とハッパをかけられているうえ、効果の見えにくい作業を増やされることを心理的に許容できないからだ。その結果、まれにバーコードが読めないなどのちょっとした不具合や作業の繁雑さを理由に生産現場は、導入したシステムを使わなくなってしまうことがほとんどだ。システムが使われなければ、必然的に導入費用は無駄になり、生産性もマイナスになる。

【ケース③】

　生産現場が、生産性向上のためには工程の見える化が必要という意識を持ち、それまで何も管理していなかった工程にバーコード入力システムを導入するとしよう。このように生産現場が問題意識を持ったうえでIoTを導入すれば、生産現場に必要なのは、仕掛品の状況を基幹システムに入力するためのバーコードリーダーだけでないことに気づくだろう。そうなれば、生産現場の状況を見える化するためにモニタなども導入しようとするだろう。

　生産現場の状況が見えるようになり、日頃の改善活動の中でもどのような取組みが効果的かがわかるようになれば、効果の小さな無駄な取組みが減るうえ、何より後戻りを抑制できるようになる。

　フィードバックの仕組みを取り入れることと生産現場が積極的にシステムに関与することが、見える化を生産性改善につなげるカギとなる（**図1-2**）。

　以上からもわかるように、IoTの導入で主役となるべきは作業を担う生産現場である。ただし、実際のIoTの導入時には別の者が主役（担当）になることが多い。多くの中小企業では、社長もしくはシステム担当者がそれに該当する。また、場合によってはシステムベンダーが事実上の主役になることもある

13

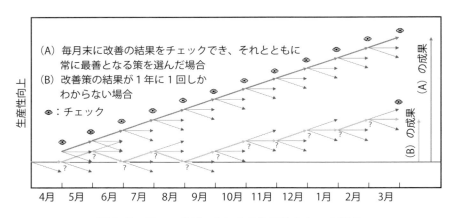

図1-2　フィードバックによる生産性向上への効果
（毎月改善策を実施した場合、その結果をチェックする頻度と結果のフィードバックによって、(A)、(B)のように生産性向上に違いが生じる）

だろう。そこで、それぞれが主役（担当）となった場合の留意点を考えてみる（**図1-3**）。

　まず、社長が導入を主導する場合だが、実際にはこのパターンが最も望ましい。なぜなら、最終的にIoT導入の主役となるべき生産現場に直接働きかけられるからだ。社長が生産現場を巻き込み、導入の目的を生産現場と共有し、生産現場にかかる負担への見返りを約束すれば、かなり成功率を上げられるだろう。

　つぎにシステム担当者が導入を主導する場合だが、実は最も多いのがこのパターンだ。ただし、このパターンでIoT導入を成功させるのはかなり難しい。なぜなら、生産現場に当事者意識を形成させるのが難しいうえ、システム担当者自身にIoTの導入経験がない場合が多く、事務系のシステム導入と同様の感覚で進めてしまいがちになるからだ。また、システム担当者が生産現場の詳細な仕事の流れを把握していないことも多く、そうなると導入自体に手間取ることになってしまう。

　一方、このパターンの生産現場としては、IoTを導入できなくても責任はないし、慣れない業務で生じる不都合の責任を取らされるくらいならいっそのこと導入しないほうがいいと思う。そして、何より長年の改善により築き上げてきた現行の生産システムに誇りと愛着がある。

　筆者にも経験があるが、ダメ出ししようと待ち構えている生産現場にシステ

第 1 章　工場の IoT システムを構築する手順

	社長主導	IT担当者主導	ベンダー主導
メリット	現場を直接指揮	時間に余裕あり	IoTに詳しい
デメリット	任せきりになりがち	現場との距離がある	現場を知らない
リスク	失敗時に現場の士気低下	現場を巻き込みにくい	営利業者の場合が多い
成功の可能性	高い（委任は低い）	あまり高くない	業者次第（たいてい低い）

図 1-3　IoT導入の担当者により導入の難易度が変わる

ムの導入担当としていくのはつらい。生産現場の要望を受けて生産システムを
改善しても、ちょっとしたミスで嫌みをいわれる。ミスがなくても使いにくい
と文句をいわれる。さらに導入費用が高すぎるとか、これまでのほうがよかっ
たとかとさんざん不平を並べられる。それでも何とかシステムを動くようにし
て生産現場に運用を引き渡しても、数カ月後に見にいってみると使われていな
い。その理由を尋ねると、これまで聞いたこともない業務手順に対応できな
かったからとため息ものの答が返ってくる。

　最後にシステムベンダーが導入を主導する場合だが、ありていにいえば、シ
ステムベンダー主導で成功する確率はかなり小さい。成功の可能性があるとす
れば、そもそもシステムベンダーがいなくてもIoTを導入できる実力のある企
業の場合か、潤沢な資金のある企業と十分な実力を持つ良心的なシステムベン
ダーとの組合わせという、かなりレアなケースの場合くらいだろう。

　なお、システムベンダーの実力を判断するのは素人には難しいうえ、そもそ
もシステムベンダーに生産現場経験のある人材は皆無といわれることから、
IoTの導入をシステムベンダー主導でやる場合は、少なくとも工場の生産現場
とIoTに詳しい信頼できる第三者を入れたほうが賢明だろう。

(2)　定性から定量へ

　工場にIoTを導入して大きく変わることは、これまで定性的に把握していた
工場の状況を定量的に把握できるようになることだ。**図1-4**のように、定量化
のメリットは大きく3つある。1つ目は「比較できるようになること」、2つ目
は「議論を透明化できること」、3つ目は「イメージを固定化できること」で
ある。いずれも業務の効率化や利益率の向上に効果が見込める。

　3つのメリットについて以下に説明していこう。

15

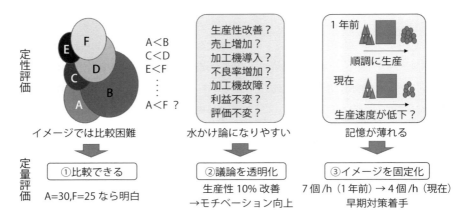

図1-4 定量化のメリット

①比較できるようになる

　比較できるようになることのメリットを考えてみる。例えば、製品の種類が多くなりすぎて生産効率が落ちてきた場合を考えてみよう。この場合、いくつかの製品を廃止することで、リソースを集中させて利益の向上を図る戦略を取ればよい。ただし、このような場合、個々の製品の利益率を把握していれば、それをもとに廃止する製品を決められるが、把握していないと、感覚的に廃止する製品を決めざるを得なくなってしまう。

　実際のところ、個別製品の利益率を計算するのは簡単ではないが（個別の作業時間と機械の稼働時間を計測する必要があるため）、これを把握していないと最悪の場合、赤字の製品を延々と生産し続けることになる。

　そのほかにも、例えば、（ⅰ）作業時間を自動計測して比較することで作業方法の改善を図る、（ⅱ）加工条件を比較することで不良の発生を抑制するなど、感覚だけでは正確に判断できないさまざまな局面でも、定量化によって比較できるようになることの意味は大きい。

②議論を透明化できる

　読者の皆さんにも経験があると思うが、いつまでたっても結論が出ない会議ほど時間の無駄を感じるものはない。議論している当人には、他の人の時間を無駄に使っているという自覚がないのだろうが、つき合わされているほうはた

まらない。和を大事にするという気風に異論はないが、ものには限度というものがある。

なぜ結論が出ないのか。その原因の大半は明確な判断基準がないからである。誰が見ても明らかに優劣が決まるのならば、そこに議論の余地はない。

例を挙げてみよう。プラスチックの射出成形の工程で不良率が上昇して困っているとする。不良原因について社内の専門家を集めて対策会議を行った結果、成形機の温度ムラが原因ではないか、樹脂の流れが悪いのではないか、溶かした樹脂を流すための溝の設計の問題ではないかなど、さまざまな要因が提案されたとする。この場合、多くの会議では、推定原因の正当性を巡って多大な時間が費やされ、建設的な議論にならない。射出成形機で本当に温度ムラが起こっているのか（温度ムラは各人の想像の産物であり、現実ではない）という議論をするくらいなら、どうやったら温度ムラを測定できるのか（現状の定量化）を議論したほうがはるかに建設的だ。

不良解析では、そもそも提出された要因以外のことが原因となっていることも少なくないのだ。すなわち、最初は回り道に見えるかもしれないが、原因の可能性を1つひとつ定量化して潰していくほうが、結果的に原因に早くたどり着けることが多い。仮に測定に丸1日（8時間）を要したとしても、10人の会議で1時間議論するよりも少ない消費時間で結論に達せられるのである。

③イメージを固定化できる

一般に人間の記憶というものはあまり当てにできない。1週間前くらいなら大丈夫だと思うが、1カ月前、半年前のことを正確に覚えている人はそれほど多くないだろう。しかも、現象をイメージとして捉えてしまった場合は、大きさや時間が倍や半分に変わってしまうことも珍しくない。映画に夢中になっている時の1時間と、冬の寒いホームで電車を待つ10分では、電車を待つ時間のほうが長く感じられる人も多いに違いない。

このように時とともに変化するイメージでも、一旦定量化してしまえば何年経っても変化しない。その結果、時系列で状況を比較できるようになり、失敗を糧によりよい方向に進んでいける。継続的で確実な成長を遂げるためには、イメージをデータとして固定化することが必須なのだ。

1.1.2　IoTに必要な基本スキルを知る

　ここでは、IoTの導入を進めていくうえで重要となる基本的なスキルを2つ挙げて説明する。

　1つ目は「ネット検索」だ。IoTの世界は日進月歩なため、ネット（インターネット）検索スキルが必須になる。いまの時代、ネット検索を使わない人はいないと思うが、使い方はそれぞれだろう。ここでは主にネット検索に慣れていない人のために、情報収集の際にどのようなことに気をつけるべきかをまとめる。

　2つ目は「開発指向」だ。開発指向をスキルと呼ぶべきか否かについては議論の余地があるが、ここでは開発するためのスキルと考えてほしい。開発指向の考え方は、システムベンダーとの意識合わせで重要な意味を持ち、また、自分でIoTを構築する場合には必須のスキルになる。

(1) ネット検索

　IoTの導入/運用でネット検索は必須のスキルとなる。ただし、特別なテクニックは必要ない。必要なのは、「①初歩的な検索スキル」と「②目的となる情報の明確なイメージと想像力（もしくは類推）」だ。ネット検索には「辞書的な使い方」と「情報探索的な使い方」とがある（図1-5）。おおまかには、

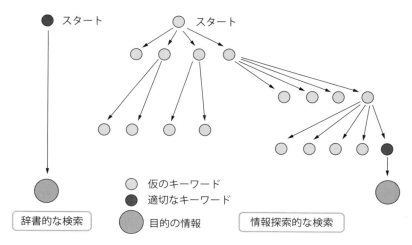

図1-5　ネット検索における「辞書的な使い方」と「情報探索的な使い方」

前者は目的とする検索語がわかっていて、それに対する情報を知りたい場合、後者はやりたいことはわかっているものの、検索語がわかっていない場合と考えてよいだろう。そして、前者に必要なスキルが①（初歩的な検索スキル）、後者に必要なスキルが②（目的となる情報の明確なイメージと想像力／類推）である。

　検索スキルを高めるうえで最も重要なのが「検索したいと思うかどうか」である。少しでもわからないことがあったらすぐに検索する習慣を身につけよう。例えば、最低1日に10件というように自ら意識的に検索するようにすれば、3カ月もすれば検索が習慣となり、1年後には検索ツールを携帯していないと不安を覚えるほどになるかもしれない。

　ネット検索で辞書的な使い方をする場合、検索キーワードは単語とは限らない。例えば、エラーメッセージに対応したい場合は、メッセージの全文を入力して検索すれば、ほぼピンポイントで対策を紹介するサイトにたどり着けるし、論文を検索する場合も表題をそのまま入力したほうが手っとり早いように、検索キーワードは単語や文章の中から臨機応変に選ぶことが肝要だ。

　一方、情報探索的な使い方では、検索キーワードやそれらの組合わせがわからないため、検索では最初に思いついた複数の適当な検索キーワードの組合わせを入力することから始め、組み合わせたキーワードの一部を入れ替えたり追加したり減らしたり、時にはまったく違うキーワードを入力し直したりしながら、目的の情報に近づこうとする。ただし、目的の情報にたどり着けるか、ネット上に目的の情報自体があるかどうかはわからない。

　この情報探索的な検索で羅針盤の役割を果たすのが「明確なイメージ」だが、明確なイメージだけに頼ると、目的の情報に近いものの、そのものずばりではない情報の段階で探索を止めてしまう確率が高くなってしまう。それを回避するのに新たな検索キーワードを追加しなければならないが、そこで必要となるのが「想像力」になる。

　例えば、工場のIoTで集めたデータを生産現場で共有するための表示方法について、表示板の種類や価格などを調べるとしよう。最初の検索キーワードを「IoT　現場　表示方法」とすると、検索結果はIoT関連の基幹システムの説明や工場のIoT化のイメージ、IoT機器の広告ばかりであり、かんじんの工場の表示板が検索されない。

　そこで検索されない原因が、「現場」と「表示方法」というキーワードが即

物的ではないからと推測し、キーワードを「IoT　工場　表示」に替えて検索してみる。しかし、検索結果は大して代わりばえしない。そこで、IoTというキーワードがシステム関連の広告を呼び込んでいるのではと推測し、「IoT」を外して「工場　表示」というキーワードで画像検索（ウェブサイトの画像だけを検索できるブラウザの検索機能。検索順位の低いものでも結果を画像で見られるので、検索したキーワードが適切だったか否かをひと目で判断できる）してみると、今度は工場内の光景が並び、目的の情報に近づいたことを窺わせる。さらに検索結果の画像を詳しく見てみると、大型の表示器は「LED表示器」と呼ばれることが多く、部品レベルでは「七セグメント表示器」と呼ばれることが多いようだ。

　最終的に「LED表示器　工場　価格」「七セグメント表示器　価格」「モニタ　価格」の3つの組合わせのキーワードで検索した結果、大型表示器（文字高さ100mm超）が5〜30万円、小型表示器（文字高さ20mm〜100mm）が1〜10万円、部品レベルは100〜1000円、中古も含めたモニタだと4000〜2万円という価格相場の情報を得られた。

　この例では、「IoT　生産現場　表示方法」というキーワードから始めて、最終的に「LED表示器」「七セグメント表示器」「モニタ」という3つのキーワードにたどり着くことで目的の情報に到達している。「工場の生産現場に置かれた表示装置」という明確なイメージをナビゲートに使い、検索を進める途中で想像力を使いながら検索キーワードを少し変化させたり、増やしたり、減らしたりしながら目的へ達するキーワードへと近づけていく。

　なお、ここで注意してほしいのは、使うキーワードの数を3つくらいに絞り込んでいることだ。もちろん、調べる対象によってはもう少し増やすこともあるが、増やせば増やすほど検索条件の設定が複雑になる。たくさんのキーワードで絞り込んでいっても、目的の情報が上位の検索結果に表示されない場合は、キーワード自体が適切でない可能性が高い。

　また、簡単にあきらめないことも重要だ。キーワードが少し違うだけで目的の情報にたどり着けないことから、ネット上に情報がないと早とちりしている可能性もある。検索キーワードを増やしてしまうと、こういう早とちりに陥る可能性も高まる。

　ちなみに、このやり方は数値解析などで用いられる、逐次近似法による最適解の探索に似ている。明確なイメージを探索条件、想像力を初期値の選定と読

20

第1章　工場のIoTシステムを構築する手順

み換えれば、部分最適に陥らないための条件設定などの留意事項には、ここに書かれているキーワード選定における留意事項との共通項が多い。

(2) 開発指向

　開発指向をスキルと呼ぶことについては異論も多いと思う。しかし、これを考慮しないといろいろな場面で不都合が生じるので紹介しておく。

　まず、なぜ不都合が生じるのかだが、中小製造業の大半は「開発」より「生産」に重点を置いているからだ。その結果、中小製造業がIoTを導入する時も、開発現場の感覚を持たずにIoTを導入しようとし、一方、IoTシステムベンダーは開発に重点を置いているため、例えば、導入前に開発現場特有の注意書きをマニュアルに盛り込んだとしても、中小製造業の生産現場ではそれを実感できずに読み飛ばしてしまい、導入時になって注意書きの本当の意味に気づいたものの、時すでに遅しという悲劇に見舞われてしまうという不都合が生まれることもある。

　「生産」と「開発」とのスタンス（**図1-6**）で最も大きな違いは、やった仕事に対する効果の確実性にある。生産の場合は、100の仕事をすれば99以上の結果を残せるのに対し、開発の場合のそれは10〜30あればよいほうだ。そのため、開発の現場に従事する人たちは失敗に慣れている。たとえ失敗しても、それに取って代わる可能性のあるたくさんのアイデアを持っており、それらを試しながら、失敗の原因を探っていき、最終的に成功するやり方へたどり着こうと努力する。

　一方、生産の現場に従事する人たちは、ある部品を上手く加工できなかった場合、手順通りのリカバリーを試すくらいでそれ以上のことはあまり試みない。いろいろ試す時間があるのなら、別の部品の加工に取りかかったほうが効

生産指向	開発指向
・リスクを取らない ・効率優先 ・計画を遵守	・小さい失敗を許容 ・アイデア優先 ・柔軟な計画

図1-6　開発指向と生産指向のそれぞれの特徴

率がよいからだ。さらに、一度やるといったことは「やってみたけどできませんでした」では済まされない。また、1つの部品がないだけで、高価な装置の組立ができなくなることもある。このような環境で長期間過ごすと、「機械や装置を使用する際にリスクは取らない」「やるといった以上は、最後まで自分たちで責任を取る」という考え方が主流となる。

　生産と開発との間におけるそうした感覚の違いが、IoTの導入にどのような影響を及ぼすか見てみよう。

　まずはシステムベンダーに依頼してIoTを導入する場合について考えてみる。ここでは、仕掛品の寸法を自動計測して良・不良を判定するシステムを導入する場合を想定しよう。1度目のテストでは、ジグの取付け穴の寸法が合わずに手直しを余儀なくされ、2度目のテストでは、規格外の仕掛品に対応できずにテストが見送られたとする。そのような失敗が重なった場合、3度目のテストは生産現場の反対にあって実施できなくなる可能性が高い。仮にシステムベンダー側が工場の規格や特注仕様についての詳細を知らされておらず、導入に失敗すれば多大な損失を被ることがはっきりしていたとしても、生産現場の反発は避けられないだろう。なぜならば、生産現場からすればシステムベンダーはIoTのプロなのだから、それくらいのことを予想するのは当然であり、導入に失敗したとしてもそれはシステムベンダー側の責任であって自分たちの責任ではないと感じてしまうからだ。

　一方、システムベンダー側からするとたった2回の失敗で諦めるなどあり得ないことだし、工場の規格や特注仕様についての情報を出してこないから失敗したわけであり、それは工場側の責任だと感じてしまう。こうしたすれ違いが重なると、IoT導入の成功はまず期待できない。

　以上のことから、IoTを導入しようとする場合、生産指向的な考え方だけで取り組むと失敗する可能性が高くなることがわかる。また、工場側が事前に開発を指向した考え方を知っておけば、すれ違いを回避できる可能性が高くなるのである。では、開発を指向した考え方とはどのようなものなのか。「デザイン思考」を例に説明しよう。

　デザイン思考とは、イノベーションや開発に適した方法論であり、すでに米国のシリコンバレーでは主流の開発手法となっている。また、わが国でも大手メーカーや経済産業省などから注目される解決志向の思考方法である（ここで使われている「デザイン」という言葉は意匠というより企画や設計という意味

合いが強い)。

デザイン思考は新たな製品開発などをターゲットとしているが、自社でIoTの導入を図る場合にも適用できる。また、システムベンダーからIoTシステムを購入する場合でも、システムベンダーの考え方を理解するうえでの一助にもなる。

いくつかの流派はあるが、デザイン思考の特徴は、「①創造性を重視する」「②右脳と左脳をバランスよく使う」「③チームでアイデアを創出する」「④ユーザーの共感を最大の指針としてアイデアを創出する」「⑤好奇心を大事にする」「⑥何とかなるだろうという楽観性に基づいて行動する」などにある。なお、開発においては「⑦最初にチームで幅広いアイデアを集め、小さな実験を数多く繰り返し、多くの失敗から学ぶことでブラッシュアップする」という手法を取る(詳細は専門書を参考にしてほしい)。

これらを踏まえた、開発指向の考え方と進め方を示したのが図1-7である。開発チームのベースとなる心構えが「創造性、楽観性、好奇心」であり、まずは開発したい課題についてチームでブレインストーミングする。この時は主に右脳を使ってアイデアの幅を広げる。さらに、実験を繰り返して実用的なアイデアにブラッシュアップしていく。そして、ある程度絞り込まれたら、再びブレインストーミングを行い、新たなアイデアを募る。その後、再び実験を行うというサイクルを繰り返し、よりユーザーフレンドリーなソリューションへと近づけていく。

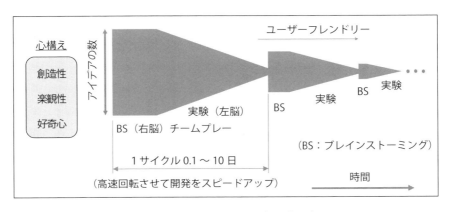

図1-7　開発指向の考え方と進め方

このように開発を指向した考え方では、ユーザーフレンドリーなシステム構築を指針として、迅速なプロトタイプの作成とスモールスタートを繰り返しながらよりよい方向を目指していく。この考え方は、IoTを自作する場合に特に有用となるので、自作を考えている工場にはぜひ参考にしてほしい。

一方、システムベンダーを活用してIoTを導入する場合には、導入時の小さな失敗は失敗のうちに入らないこと、契約書には生産指向的な考え方から見ると常識外の項目があるかもしれないこと、システムベンダーが生産現場を知らないことを前提に仕様書をつくるべきこと、などを心して導入を進めてほしい。

1.2 IoTシステムを構築するための計画をつくる

IoTシステムの構築は半年から数年に及ぶ一大プロジェクトだ。ゴールをどこに設定するのか、どういうシステムを選定するのか、どういう風に生産現場の協力を求めるのか、どういうスケジュールで導入を進めるのかなどを自主的に考え、ある程度の計画を立てておかないと導入の成功はおぼつかない。そこで1.2節では、計画の立て方について実例を挙げながら考えてみる。

1.2.1 目的と目標を設定する

IoTの導入を成功させるには、「目的」と「目標」の設定が重要となる。自社でIoTを開発する場合はもちろんのこと、導入をシステムベンダーに依頼する場合でも、IoTの仕様を明確にするためには不可欠な要素になるからだ。

(1) 目的を定める

中小企業がIoTを導入する目的は、**図1-8**のように大きく5つに分類できる。「①生産性向上」「②不良率低減」「③情報共有によるシナジー効果（経営、営業、経理、資材などとの連携）」「④製品の付加価値向上」「⑤モチベーション向上」である。工場のIoTで期待できる効果の多くはIoT単独では実現できない（図1-8参照）。IoTの真価は、従来の活動を定量化して、より早く正確な判断を可能にすることにある。実際に導入する場合は、5つの目的のうち1つに絞ってもいいし、複数を掲げてもいい。5つの目的について以下に説明する。

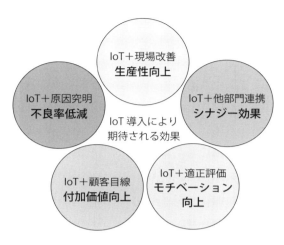

図1-8　IoTを導入する5つの目的と効果

①生産性向上

生産性向上にはいろいろなやり方がある。代表的なものはつぎの通りだ。
・作業手順ややり方を見直すことによる手待ちの削減。
・無駄な作業（もの探しやうっかりミスなど）の低減。
・仕掛かり状況の見える化による、顧客からの問合わせへの対応時間の削減。
・段取り替え方法を見直すことによる加工機の稼働率向上。
・IoTによる作業そのものの高速化（入力作業の高速化、作業時間短縮など）。
・人の動線や仕掛品滞留の改善。
・生産計画の最適化と周知による手待ち時間の削減、など。

　生産性向上に取り組む際には、どこに着目して改善を進めるのかが最初の課題となる。そのためどこにムダが潜んでいるのかを、ビデオ録画やワークサンプリング法などを使って最初に調査したほうがよいだろう。どこにムダがあるのかわからない場合は、ムダを見える化するためにどのようなシステムが必要なのかを考えてみよう。

　IoTの成功事例には生産性向上をうたっているものが多いので、インターネットで検索して参考にしてみるのもよいだろう。もちろん、工場によってムダのポイントは異なるので、成功事例を鵜呑みにせず、自社に対する効果を想定して導入のやり方を判断する必要がある。

②不良率低減

　不良率低減をIoT導入の唯一の目的とすることにはしっくりしないものがある。なぜなら、IoTの導入には恒久的なイメージが強いが、不良率低減に特化したIoTは短期的に導入することが多いからだ。多くの場合、不良の原因と原因ごとの不良の発生率はわかっておらず、それらを調査するためにIoTを使う。このような場合、不良率が下がれば利用されなくなってしまうことが多い。計画的に導入する場合は、生産管理の一部として不良率を見える化し、それを流用することで不良の原因を推定するデータの一部とすることが多い。

　一方、IoTを使う目的に目を向けると、多くの場合、現場の作業者や加工機メーカーが推測する原因候補の中からどれが真の原因なのか（もしくは別の原因があるのか）を突き止めるために使用する。すなわち、予想される要因を定量的に計測し、真の原因かどうかを特定していくわけだ。

　このような場合に重要になるのが、自動計測や生産管理のIoTである。例えば温度が怪しいと考えるのなら、加工中のすべての材料の温度を自動計測し、不良が発生した製品の温度を他と比べる。また、吸湿を疑うのなら保管中の湿度を自動計測する、人的ミスを疑うのなら加工者と製品を紐づけるといった具合である。しかし、このような自動計測にシステムベンダーの既製品で対応するのは難しい。不良の原因はケースバイケースだし、導入したからといって不良が改善される保証もないからだ。すなわち、不良率低減の目的でIoTを使うのなら、生産管理用のIoTを流用するか、自前で自動計測システムを構築できる技術力を持つことを考えたほうがよい。ただし、効果が十分大きいと見込まれる場合は、専門業者に調査を依頼する方法もある。

③情報共有によるシナジー効果（経営、営業、経理、資材などとの連携）

　シナジー効果がどのように利益に結びつくかについて見てみよう。まずは、最もインパクトの大きいのが「原価の見える化」だろう。原価が可視化されれば、どの製品に力を入れるべきか、コストダウンのターゲットにどの工程を選ぶべきか、どの顧客と値上げ交渉すべきかなどについて数字をもとに判断できるようになる。つまり、リアルタイムでの的確な経営判断が可能となる。もちろん、どの製品がどの程度の原価なのかを把握することは容易ではない。製品ごとの材料費、作業時間、加工時間、歩留まりなどを個別に求める必要があるし、それらを集計して個別原価を計算する仕組みも必要になる。

第1章 工場のIoTシステムを構築する手順

　つぎに期待できるのは営業との連携だろう。営業が生産状況や装置の空き状況および製造原価を正確に把握できれば、顧客に対して納期の回答を迅速にできるし、見積りの精度も上げられる。それによりスピード重視の顧客を取り込める可能性が出てくるし、利益の出ない価格設定を回避できるようになる。

　また、資材調達と連携させれば、材料のまとめ買いによる原価低減や在庫の削減によるキャッシュフローの改善、運転資金削減による金利の削減を期待できる。

　シナジー効果を狙ったシステムを構築する際に最も気をつけなければならないのがシステムの信頼性だ。営業や資材調達など社外との窓口になる部門との連携を図る場合、仮にシステムがダウンしても問題なく必要な情報が生産現場から営業、資材調達へ流れる仕組みを構築しておく必要がある。特に自前でシステムを構築する際には、システムの信頼性にそれほど期待できないので、社外に影響が及ぶ可能性についての対応策を詳細に検討し、周知徹底することが重要になる。

④製品の付加価値向上

　製品の付加価値向上としては、例えば、スマート家電のようにネットを介して自社製品をコントロールできたり、赤外線センサーを取りつけて人が近づいたら自動で作業を開始したり、毎日一定の時間に所定の作業を行ったりするなどの機能を組み込むことで実現できることが想定できる。目的は、他社製品との差別化や販売価格の上昇による製品の利益率の向上である。いうまでもないが、売れる製品をつくることが大前提となるので、前述のデザイン思考でも言及した顧客目線での開発が極めて重要になる。

　例を挙げて考えてみよう。椅子をつくっているある会社が、IoTを組み込むことで付加価値を上げようとするとしよう。技術者的発想だとどうしてもモノありきになりがちで、まず組み込めそうなモノを探してしまう。例えばこんな感じだ。

　　「この椅子の大きさと価格だったら、温度計、マイク、リモコン、光センサー、重量計、距離センサー、加速度センサー、振動センサーぐらいは組み込めそうだ」

↓

　　「組み込むことで実現できそうな機能は、座っただけで体重や体温、脈拍な

27

どを測定し、それにより日々ヘルスチェックができることだ」

↓

「正確に測定するためには、体を包み込むほうがよさそうだ。そうなるとソファータイプにして、価格帯も高めにしないと開発は厳しそうだ」

　すでにおわかりと思うが、この発想では、「いまの手持ちの技術でできそうなこと」を中心に展開し、顧客の存在は二の次になってしまっている。これは技術系の会社によく見られるパターンで、売れないとは断言しないまでもその確率は小さい。

　もし、売れる確率を上げたいのなら、あくまでも顧客目線を貫いて開発しなければならない。例えば椅子に重量計を使いたいと思うのなら、体重を気にしそうなターゲット（例えば若い女性など）を対象にアンケートやカスタマージャーニーマップ*注）を使って機能やデザイン、価格帯などを設定してから、それに適した顧客価値の高いIoTを組み込んでいく。上述の例なら、体を包み込むデザインより姿勢を重視したデザインにして、体脂肪率計やエクササイズ機能を付加するという発想に変わるかもしれない。IoTを使うのはあくまで手段であり、目的とすべきではないということだ。

注）顧客目線に立って製品やサービスをブラッシュアップする手法で、デザイン思考による開発で使われるツールの1つ。

⑤モチベーション向上

　IoTを使ってモチベーションを向上させるには2つの方法がある。1つはムードメーカー的な従業員にIoTのおもしろさに気づいてもらい、周囲に広めてもらうこと、もう1つは、チームもしくは個人の生産性の測定結果を上長が把握し、日々の生産現場の活動に適切な賞賛や注意を与えることで評価の透明性を上げることである。

　まず、IoTのおもしろさについて考えてみよう。一例としては、IT技術の好きそうな人を3～4人集めてちょっとした創造（フリーソフトの業務への応用や簡単な電子工作など）をスタートし、チームで楽しみながら目標を達成していく。その雰囲気を社内に広めていくことで、モチベーション向上に役立てることができる。これはあまり簡単なプロセスではないので、数年間の継続的な取組みと、リーダーの確固たる意思を試されることになるだろう。ただし、その試みが成功すれば創造的で活力に溢れる企業風土を生み出すことができる。

第1章　工場のIoTシステムを構築する手順

　もう1つは、業績の評価の透明性を上げることだ。通常の評価はどうしても人の主観に頼ってしまう。もちろん、主観の入らない評価は有り得ないが、例えばIoTを使って個人の生産性を定量化するシステムを導入し、業績が誰にでもわかるようになっていれば、評価する側も評価しやすいし、公平さも保ちやすい。その結果、従業員満足度が上がりやすくなる。

　さらに積極的にモチベーション向上を図るのなら、管理側が日々の成果を簡単に可視化できるシステムを構築するのがよい。例えば、段取り替え時間の削減や装置運用の効率化などの成果をリアルタイムに把握し、何らかの成果があった場合にリアルタイムでそれを認めれば、やっている側のモチベーションは上がる。逆に、共有された評価基準があるにも関わらず、管理側がきちんと評価しない場合は不満を増すことになるので注意してほしい。

　以上のように、IoTには大きく5つの目的があるが、どれを優先させるかは、会社の状況や受注の将来予測によって異なる。会社によっては、生産性向上を狙ってIoTを導入しても効果が出ない場合もある。例えば、売上げが受注量で決まっていて、増産しても売上げが増えず、残業もなく人員カットも難しい状況では、いくら生産性が向上しても利益は増えない。このような場合はむしろ内部コストの削減につながる不良率低減や、売上げの増加を期待できる製品の付加価値向上や情報共有によるシナジー効果を優先したほうが高い効果を期待できることになる。

1.2.2 プロジェクトチームをつくる

　IoT導入の目的が決まったら、つぎにプロジェクトチームをつくる。もちろん、目的を決める前でも構わないが、ある程度の方針が決まってからのほうが招集しやすいだろう。重要なのはメンバーの選定と人材育成である。IoT導入は上手く使えば、中小企業でIoT人材を育てる絶好の機会になるので、それをメンバー選定の時から視野に入れておいたほうがよい。

(1) メンバーの選定

　IoTの導入において生産現場の協力は不可欠であり、中心メンバーは生産現場と生産管理部門となる。他のメンバーとしては、決裁権限のある人（社長、会長、工場長など）、シナジー効果を狙う場合は各部門の代表になる。メンバーが決まったらプロジェクトチームの具体的な目標とロードマップを作成す

29

る。

　また、プロジェクトチームとは別に実行部隊も必要となる。実行部隊のメンバーの全員がプロジェクトチームのメンバーを兼ねてもよいし、プロジェクトチーム以外の人を実行部隊に入れてもよい。それはシステムベンダーに依頼する場合も同じだ。一部の例外を除き、IoTの仕様を生産現場の協力なしにシステムベンダー側が把握するのは困難だし、仕様があいまいなまま導入すると、成功の可能性は遠のく。そして、仕様をまとめるにはそれなりの作業が必要になる。実行部隊は、生産現場と生産管理部門から数名を選定すべきであろう。

　プロジェクトチームには、IoTに関する知識をある程度持つメンバーを入れたほうがよい。IoTについて全員が何も知らないとシステムベンダーに足下を見られ、必要性の低い高額なオプションをつけられるかもしれないし、逆に執拗に値引きを迫ると、必要な機能まで削られてしまうかもしれないからだ。

　IoTに関する知識を持つ人がいない場合、アドバイザーを頼むこともあるだろう。しかし、実際に生産現場の事情を知るアドバイザーは少数派だし、一般の人より詳しいとはいえ、システムベンダーが表だって発しない情報、つまり失敗やその要因への対処法などについては見当違いの助言を行うこともある。

　生産現場の事情から失敗への対処法まで把握しているアドバイザーに頼めばよいのだが、依頼する側に知識がないとアドバイザーのレベルもわからない。見分けるためには、実際にアドバイザーを生産現場に連れていき、具体的にモノの流れを示し、特急品対応、不良対応など工場の詳細な業務フローにどう対応するのか、どこにIoTを配置して何を測定するのか、生産現場との合意をどう取っていくのかなどを詳細に尋ねてみるとよい。アドバイザーによっては「そうした細かな仕様はシステムベンダーの責任」とか「いまそこまで考えても仕方がない」などと責任を回避しようとするかもしれないがそれは違う。本来、仕様を決めるべきは工場であり、発注に先立って工場とシステムベンダーとの間を取り持ち、詳細な仕様にまとめることを補佐するのがアドバイザーの最も重要な役割だからだ。その重要性をわかっていないアドバイザーは、通常の商品のように価格やオプションを比較しただけでシステムベンダーを薦めてくるだろう。それでは導入に失敗する可能性も高くなる。もちろん、それだけの仕様をつくるとなると、それなりの料金が発生するだろうが、経験の少ないアドバイザーの助言を受け、導入に失敗することに比べれば安いものだろう。

第1章 工場のIoTシステムを構築する手順

(2) 人材育成

　社内にIoTに詳しい人材がおらず、実力のあるアドバイザーに巡り会えないこともあるだろう。それでもIoT導入を進めていこうという場合は、システムベンダーに一任するか、社内で人材育成するかのいずれかを選択しなければならない。選んだシステムベンダーとの相性がよければ、導入に成功して利益を上げられるかもしれない。その際、生産現場を主体にシステムベンダーと関わっていくことで、成功の確率を上げることもできよう。ただし、システムベンダーとの相性が悪かったり、導入経験の浅いシステムベンダーだったりすると、仮に主体的にシステムベンダーと関わったとしても成功はかなり厳しい。

　IoTに詳しい適当な人材が社内に見当たらない場合、自社で人材を育成すればよい。しかし、多くの中小企業は、IoTに詳しい人材を社内に抱えておらず、また、育成したくてもどうすればよいのかわからない。さらに、新規に採用しようと思ってもどういう能力に的を絞って募集すればよいかがわからない。仮にIoTについて能力のある人材を採用できたとしても、自社の企業風土になじめずに辞めてしまうケースもある。さらに可能性のありそうな新人を教育しようとしても教育できる人材がいないのでは元も子もない。

　こうした状況下であっても現実的なのは、IoTの導入を機にIoT人材を育成することだ。では、どうやって育成すればよいか。1つは、システムベンダーからIoTシステムを購入することを前提に、実行部隊を中心にIoTシステムを事前にシミュレーションしてみることだ。確実にIoTを導入したいのなら、いずれにしても社内の誰かが詳細な仕様を決めなければならないし、それは取りも直さずシステムを学ぶ絶好の機会にもなる。

　仕様を決める場合、購入を想定しているシステムベンダーの製品について、少なくとも以下の検討をしてほしい。

①システムの端末を借りて生産現場に置き、使ってもらって感想を聞く。

②モノを流し、正常に動作するかを確認する。

③工程についての生産現場のルールを整理し、システムとの不一致（システムが想定しているモノの流れと一致しているか、システムが計算する指標は想定通りのものになっているか）を洗い出す。

④これらの不一致をなくすには、システムのどこをカスタマイズすべきなのか、また、カスタマイズが費用面などで難しい場合、工場側のルールを変更してシステムに合わせることは可能なのかを検討する。

31

⑤将来、工場の生産体制が変化した場合にどのように対応していくのかを検討する。

⑥生産現場ではIoT製品の仕様を受け入れることが心情的に可能なのかを聞き取り調査する。

⑦非定常処理（不良発生、特急対応、担当者不在、生産中止など）への対応を検討する。

以上の調査結果を仕様書としてまとめるのである。

仕様書をまとめた結果、価格でシステムベンダーと折り合いがつかなくなることもあるだろう。また、工場によっては汎用のシステムとの相性が悪く、カスタマイズに多大な費用がかかる場合もある。その場合は、工場のルールを変えることを生産現場に納得してもらい、既存のシステムに合わせるか、別のシステムベンダーを探すか、自作するかということになる。

一方で、ここまで詳細な仕様書をつくるのはやり過ぎだと思われる読者もいるだろう。しかし、筆者の経験からいえばこれでも足りない。さらに、まれな状況への対応（装置の故障、無線の混信、セキュリティ、停電、地震など）も考慮する必要がある。システムベンダーはそのようなまれなケースも考慮しているはずなので、事前に質問しておけば答えてくれるはずだ。あとはその対応が工場の現状に照らしてマッチしているかどうかを判断すればよい。

こうした作業を行うためにはシステムへの理解と生産現場からの理解が不可欠になるし、システムベンダーに質問することでかなりIoTの知識を磨くこともできる。

IoT人材を育成するもう1つの方法はIoTシステムを自作することだ。具体的なやり方は第2章で解説するが、システムを自作することでシステムへの理解が大幅に進み、カスタマイズの自由度も上げられる。また、自作する人数は3人以上が望ましい。互いに助け合えるし、2人より3人のほうが気楽に取り組めるからだ。

IoT人材の素質については、それほど心配する必要はない。むしろ、IoTをおもしろいと思えるか、もしくはIoT技術が必要不可欠だと思えるかが肝要となる。NC加工機の複雑なプログラミングを習得するのに比べれば、普通のIoTに要求されるスキルなどはたかが知れている。IoTを自作するにためには、まずそれに取り組む人がやりたいと思うかどうか、つぎに、会社がIoT人材の育成に本腰を入れられるかどうかが肝要なのである。こうした活動を行う

第 1 章　工場の IoT システムを構築する手順

ためには会社側の理解も必要になる。というよりは、トップの理解がなければ社内に技術は育たないのである。人は上層部の期待を感じて努力しようとするし、努力するからこそ伸びていく。最も困るのは、幹部が一時の熱気にほだされて技術の育成を始めたものの、途中で興味をなくしてしまうパターンだ。従業員が苦労して身につけた技術は使われないまま朽ちていき、技術の習得に熱意を傾けた従業員のモチベーションも下がってしまう。

そのようなことにならないよう、長期的な育成計画を立てよう。また、会社側でちょっとした援助、例えば、IoT 機器を試すための部品支給、小集団活動としての場所の提供や成果の表彰など、活動を後押しする方策を用意してもよい。IoT を自作するのは決して簡単ではないが、想像するよりはるかに楽しいのである。

1.2.3　目標を定める

目的が決まり、プロジェクトチームができたら、つぎは具体的な目標を決める。例えば、工場の見える化による生産性向上を目的にする場合、タクトタイム、ボトルネック、製品の滞留状況、生産時間のバラツキ、加工機間のバラツキ、手待ち、段取り替えなどをどのように定量化するかが主題になるだろう。また、情報共有による経営とのシナジー効果を目的にするなら、個別の原価計算に必要な個別の加工時間や生産計画との差異が主題になる。ここで重要なのは、何をターゲットとして絞り込むかだ。

実はほとんどの生産現場は、問題になりそうなポイントをすでに把握している。そのため当面は生産現場の判断に従って優先順位をつけ、具体化していけば問題ないだろう。どちらにしてもやり始めれば問題点が湧出して修正することになり、生産現場の意見を汲めば修正時にも協力を得やすい。

ただし、不良率改善の場合は生産現場の推測が当てにならないことが多い。より正確にいうなら、原因が推測できる不良は対策済みであり、残っている不良は生産現場の推測が不十分な場合が多いということだ。そのため、考えられる原因を 1 つひとつ検証していく。いうまでもないことだが、生産現場の推定が間違っていたとしても、生産現場が自分でその間違いに気づけるように配慮し、間違いを話題にしてはいけない。間違えた原因などわかったところで不良率は減らないし、生産現場の協力を得られなければ間違いなく改善は進まないからだ。

33

1.2.4　システムを設計する

　目標が決まったら、それに適したシステムを設計する。ただし、システムベンダーから購入する場合は、システム設計というよりもオプションの選択もしくはカスタマイズの実施となるので、1.2.4項は読み飛ばしてもらって構わない。

　さて、システムを設計する際は、以下を検討することになる。ただし、不良原因の追及を目的としたシステムについては、個別対応にならざるを得ないのでその限りではない。

　(1)取得すべき情報とその取得。

　(2)取得したデータをPCに転送し、分析する。

　(3)分析したデータを表示する。

　以上について、個別原価管理システムを例にしてどのように設計を進めるかを考えてみる。

(1) 取得すべき情報とその取得方法

　個別原価を算出するのに必要な情報は、製品ごとの加工時間と不良率（もしくは直行率：手直しせずに加工できた割合）である。段取り替えの時間をどのように配分するかについても別途分析する必要がある。

　これらの情報を取得する方法は以下のようにたくさんある。

①生産現場の作業者に記録してもらう（「手作業記録」または「視線計測」：見た位置を分析）。

②ビデオに撮って分析する（「人間が分析」または「AIが分析」）。

③製品をバーコードやRFID（無線識別）タグに紐づけて通過時間を測定する。

④加工機から情報を取得する。

　どの方法が適切かについてはケースバイケースなため一概にはいえない。例えば、工場が取り扱う製品が1日に数個なら手作業でも十分に現実的だし、これから加工機を購入しようとするなら必要なデータを加工機で出力するようなオプションも選べる。また、各工場が得意とする技術を使って計測できるかもしれない。

　ただし、生産現場の作業者に負担をかけるやり方は避けたほうがよい。計測の回数が多くなればなるほど作業者のミスが目立つようになり、データの信頼性も下がってくる。また、作業者からも敬遠され、導入したシステムが使われ

なくなる可能性が高くなる。すなわち、取り扱う製品の数が多くなってくると、人に頼らない②〜④（②の「人間が分析」を除く）の中から経過時間を測定する方法を選択したほうがよい。

つぎに②〜④のどの方法を選ぶかについて考えてみる。②のビデオ画像のAI分析は、汎用性は高いが技術的難易度が高く、現状ではコストも高い。③のバーコード（またはRFID）は、製品を紐づける手間はかかるものの、汎用性は高く、技術的難易度もそこまで高くない。ただし、バーコードリーダーなどのハードウェアが必要になり、ある程度のコストと時間がかかる。④の加工機から情報を取得するのは、加工機の仕様によるため汎用性は低いが、所望のデータ出力があり、かつデータを読み込むスキルを持っている場合には短期間かつ低コストでデータを取得できる。

最終的にどの方法を選ぶかについては、工場の状況（取り扱う製品数、データ取得のスキル、加工機の仕様など）とコスト、導入に必要な時間などから総合的に判断することになる。

(2) 取得したデータをPCに転送し、分析する

上述のデータの取得にはいくつかの手段がある。メーカーの既製品を利用してもよいし自分で構築してもよい。既製品としては、例えば、パトライトのオン／オフの情報を無線でPCに蓄積するシステムや監視カメラの映像をPCに映し出すシステムは市販されているし、これらの機能を有するシステムを自作することもできる。また、データ転送についても無線、有線、LAN（構内ネットワーク）、スマホ回線などさまざまな方式があり、それぞれに一長一短がある。どの方式でも基本的には問題ないが、工場の要求や条件（情報漏洩の重要度、通信の信頼性など）を満たす回線を選ばなければならない。それらの情報は、インターネットで検索すれば比較的簡単に取得できる。

データ分析の難易度は目的と規模によって変わる。データ数が少ない場合はエクセルでデータを加工してもよいが、多くなったら何らかのプログラム（エクセルマクロを含む）を使ってデータを処理したほうがよいだろう。また、プログラムをソフトウェアベンダーに依頼してもよい。データの取得ができてしまえば、それをどのように加工するかは、ソフトウェアベンダーが得意とするところであり、そこだけを任せるのなら失敗する可能性は低い。価格的も数十〜数百万円くらいで請け負ってくれるだろう。せっかくデータを取得しても見

える形になっていなければ活用のしようがないし、分析するソフトウェアを自作するにはそれなりの修練が必要になる。

　自作する場合には、本書でも第3章にマクロを用いたデータ処理の方法を、第5章にエクセルマクロの使い方を解説しているので参考にしてほしい。

(3) 分析したデータを表示する

　データは数字で示すより、視覚的なイメージで示すことを大事にしたい。人間の脳は数字ではなくイメージで考えるようにできている。例えば、不良数の推移を見せるのなら「10、15、7」と文字で表すのではなく、棒グラフや折れ線グラフにして表示することだ。グラフで表示することで、ひと目で比較できるし、記憶にも残りやすい。それによりチームの活動を円滑に進められるだろう。

　データ更新の頻度も検討項目の1つになる。例えば、営業とのシナジー効果を狙うのなら、工場の仕掛かり状況については3時間おき（ただし、これは一例であり、適当な時間の間隔は工場により異なる）で製品の進捗状況を共有すれば、過剰受注による納期遅れなどを回避できるだろう。

　また、工程の改善を目的にするのなら、1日に1回、もしくは週に1回各工程の作業時間を集計し、朝礼や小集団活動などの場で結果を報告するだけでも十分だろう。一方、統計的にデータを分析する場合には、ある程度データを集積する必要があるため、1カ月おきくらいでデータを分析しないと、データ数が少なすぎて意味のあるデータにならない可能性もある。

1.2.5　ロードマップを策定する

　システムベンダーに依頼する場合は、必然的にロードマップが契約書に含まれることだろう。ただし、そのロードマップは導入後からシステムが動作するまでの期間であることがほとんどではないだろうか。しかし、実際には契約するまでの準備期間とシステムが動作してからの期間のほうが工場にとっては重要な意味を持つ。

　一方、IoTシステムを自作する場合には、スモールスタートを視野に入れてロードマップを作成することも重要なポイントだ。

　期間としては、規模にもよるが大体1年から3年くらいかかるのが一般的だ。システムベンダーを使う場合、特に数百～千数百万円レベルのシステム

は、半年くらいのスケジュール期間のものが多いが、どちらかといえばシステムベンダー側の都合によるものだろう。1つのシステムに半年以上をかけてこの価格（数百〜千数百万円）で納めるのは難しい。そのためこれらのパッケージを利用する場合は、事前に半年くらいの調査・検討期間を設け、実際に生産現場を巻き込んだ導入シミュレーションを行うことで、実質的なスモールスタートを切ることをお勧めする。

　自作する場合には、最低でも1年半くらいは覚悟しよう。時間がかかる理由は、スモールスタートの原則に則って最初は1工程、1製品からスタートし、改良を重ねながら広げていくため、結果の検証や改良に時間が必要となるからだ。

　図1-9に導入スケジュールの一例を示す。この例は、規模としては従業員が数十人程度の中小製造業を想定している。

　スケジュールの主な項目について、想定している作業を簡単に説明する。

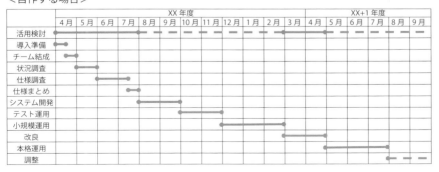

図1-9　IoTの導入スケジュール例

(1) システムベンダー活用の場合

導入準備：社長もしくは同等の権限を持つ人たちで大雑把な目標を定める。

チーム結成：IoT導入の実行部隊を決め、目標を共有して大雑把なスケジュールをつくる。

状況調査：既存システムベンダーの調査（仕様、価格）、社内システムとの適合性を調査する。

仕様調査：生産現場の状況の詳細調査。状況調査で想定されるシステムベンダーのシステムと生産現場の状況（実際のモノの流れとシステムとの整合性や必要な機器の配置場所、実際に操作する人の状況など）とをすり合わせる。例外処理（特急品、中止、特殊仕様など）との整合性をチェックする。

仕様まとめ：どこまでシステムに合わせるのか、システムにどこまで要求するのかの仕様をまとめ、システムベンダー候補を決定する。

テスト運用：システムベンダーのシステムを借りて仮運用してみる。

導入：システムを工場に入れ、生産現場の作業者の教育とシステムの導入を進め、稼働まで運んでいく。

調整：システムと生産現場との不適合を解消していく。

(2) 自作する場合

活用検討：IoTをどのように使って効果を出していくかのアイデアを出し、ブラッシュアップしていく。スキルの向上によりできることも増えていくので、継続的な活動を行うほうがよい。

システム開発：IoTシステムをつくり上げる。

小規模運用：1加工機、1製品など最小の単位で導入し、その効果を確かめる。

改良：反省点をもとにシステムをブラッシュアップしていく。

本格運用：小規模運用で培ったノウハウをもとに適用範囲を広げていく。

　なお、スケジュールの段階で細かいところまでイメージするのは難しいので、実行時にはさまざまな想定外のトラブルが発生するだろう。それを乗り切るために、この段階で無理のないスケジュールを立てよう。そして、一旦計画を決めたら、それをやり遂げる強い意志をもって遂行する。実行段階での計画中止は経済的に最もダメージが大きいのである。

第2章
工場の情報を収集するシステムを自作する

　本章では、ラズベリーパイ（Raspberry Pi：小型ボードコンピュータ）、PC、バーコードリーダー、ウェブカメラなどを用いて数万～数十万円でIoTシステムを構築する方法を紹介する。

　ラズベリーパイを用いたシステムを取り上げる理由は、現状で最も安価に無線LANを用いたシステムを構築できる機器の1つであるとともに、さまざまな計測機器を接続できるため、高い拡張性があるからである。また、世界中に多くの利用者があり、機器の接続に必要な情報が比較的容易に検索可能だからでもある。

　なお、IoTの構築でシステムベンダーに依頼する場合は本章を読み飛ばして構わない。

　本章で紹介するIoTシステムでは、以下のようなことができるようになる。

①バーコードをラズベリーパイで読み込み、そのデータをPCに転送する。

②ウェブカメラで撮影した動画のデータをPCやスマホへ転送し、録画する。

③ウェブカメラで一定間隔で定点撮影を行い、データをPCに転送する。

　また、これらの仕組みによってつぎのようなシステムを構築できる。

（ⅰ）バーコード付き現品票を使って製品ごとの加工状況を把握するシステム。

（ⅱ）IoTの実施状況の画像を取得して作業の確認などをするシステム。

（ⅲ）メーター類の定期撮影と写真の遠隔閲覧（メンテナンス向け）ができるシステム、定期撮影により製作を記録するシステム。

　なお、取得したデータを加工して、見える化するプロセスについては、第3章を参考にしてほしい。また、センサー類を用いた自動計測など、ハードウェアの知識が必要になるものについての解説は別の機会に譲りたい。

　本章では、以下のように具体的にIoTシステムの構築手順を解説する。

39

●ボードコンピュータ（ラズベリーパイ）とPCをつなぐ（2.1.1項）
　・製品番号をバーコード表記にした現品票を作成する
　・バーコードリーダーのデータをラズベリーパイに保存するプログラムを作成する
●ウェブカメラを活用して、プログラミング不要な作業管理用IoTシステムをつくる（2.2節）

　なお、本書に書かれた内容は、筆者の環境〔Windows7（PC：STYLE Infinity by iiyama i7-6700）およびWindows10（PC：Let's note CF-AX3）〕で動作を確認できているが、それ以外の環境では確認していないため、動作しない可能性があることをご容赦いただきたい。また、本書に掲載のスクリーンショットは2019年4月時点のものであり、特に「Raspbian」（ラズベリーパイ用のOS：基本プログラム）のインストール画面はかなり変化していくと予想されるため、その際は臨機応変に対応して作業を進めていただきたい。

2.1 ボードコンピュータとバーコードで見える化システムをつくる

　2.1節では、最初にラズベリーパイとPCをつなぐ作業をするが、これは物理的につなぐわけではなく、無線LANを介して、ラズベリーパイが取得したデータをPCから参照できるようにするものである。なぜなら、ラズベリーパイだけでもデータを取得できるが、PCとつながっていないと、データが必要になるたびに生産現場に赴いてデータをコピーしなければならなくなるからだ。

2.1.1　ボードコンピュータ（ラズベリーパイ）とPCをつなぐ

　ラズベリーパイは、名刺サイズのワンボードコンピュータである。Wi-Fiを搭載している機種を選べば、比較的簡単にWindows PCと接続できる。
　ここで構築するIoTシステムは、**図2-1**の破線で囲まれた部分である。バーコードリーダーからのデータを無線LAN（もしくは有線LAN）を介して、Windows PCにインストールされたExcel（エクセル）のマクロ〔エクセルVBA（Visual Basic Applications：プログラム言語）〕で読み込んで表示する。インターネットと直接やり取りはしないが、工場に設置された各種センサーか

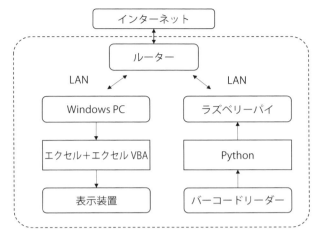

図2-1　IoTシステムの概略（破線内）

らの情報を事務部門のPCで収集、分析できる。
　このシステムのデータ処理の流れを以下に示す。
①製品番号などをバーコード化できる方法を準備する。
②バーコードリーダーを用いて取得したデータを、ラズベリーパイから「Python」（ラズベリーパイ標準のプログラム言語）を使って読み取り、データを取得する。
③取得したデータをラズベリーパイ内に保存する。
④PCから無線（または有線）LANを介してラズベリーパイ内のデータをPCに転送・保存する。
　本システムを構築するための実作業は大きく以下の4つに分類できる。
①ラズベリーパイ内のデータをWindows PCで取り扱える環境を設定する。
②製品番号などをバーコード化する環境を整える。
③データを取得し、ラズベリーパイに保存するPythonプログラムを作成する。
④ラズベリーパイ内のデータを読み取り、PCに保存する。
　まず、ラズベリーパイ内のデータをWindows PCで取り扱える環境を設定する方法を解説する。購入した状態のラズベリーパイをPCからアクセス可能な状態にするためには、以下の手順が必要になる。
（1）必要なハードウェアを揃える。

(2) PCでダウンロードしたOS（Raspbian）をマイクロSDカードにコピーする。

(3) OSをインストールする。

(4) PCからラズベリーパイを動かせる環境をつくる。

(5) PCからラズベリーパイのデータにアクセスできる環境をつくる。

(6) バックアップ用のSDカードを作成する（必須ではないが強く推奨）。

　(1)～(6) の詳細を以下に述べる。

(1) 必要なハードウェアを揃える

　必要なハードウェアは、エクセルがインストールされたWindowsPCと以下①～⑬の機器となる。初期のテストシステムは、PCを除いて2万円以下で構築できるだろう。実際に運用する際は、「ラズベリーパイzero」やバーコードリーダー、ウェブカメラなどが別途必要になり、無線ルーターのアップグレードも必要になるかもしれない。また、作業用PCもそれなりの性能〔インテルCOREi3（CPU）、240GBのSSD（ソリッドステートドライブ）、8GB以上のメモリ〕のものを準備したほうがよい。

①「ラズベリーパイ3」*注)

注) 本体だけの実売価格は4000円（税別）程度。ボードコンピュータとしては高速なCPUを搭載しており、プログラム開発や環境設定には便利。ただし、工場に設置して使用するにはオーバースペックとなるため、ラズベリーパイ3で環境設定したマイクロSDカードを、安価で低消費電力モデルの「ラズベリーパイzero」〔実売価格2000円（税別）〕に差し直して利用したほうがリーズナブル。ただし、反応はかなり遅い。

②マイクロSDカード（8～32GB）。読み書きする速度の速いもの（Class10以上）

③マイクロSDカードリーダー（マイクロSDカードをPCで読み書きする機器）

④HDMIケーブル（ラズベリーパイとモニタをつなぐケーブル）

⑤2.5A以上の電流を供給できるUSBマイクロ−B型コネクタのついた電源

⑥ケース

⑦ヒートシンク（必須ではない）

＊なお、①～⑦をまとめたスターターキットも販売されている（**図2-2**）。

⑧バックアップ用のマイクロSDカード（8～32GB：②と同じ容量）

⑨USBマウス〔有線、無線を問わない（**図2-3**）〕

⑩USBキーボード〔有線、無線を問わない（**図2-4**）〕

第 2 章　工場の情報を収集するシステムを自作する

・名刺サイズぐらいのパソコン
・Linux 搭載マイコン
・コード学習＆パソコン機能
・WiFi & Bluetooth サポート

ラズパイ 3b に基づくアップグレード

16GB SanDisk Class 10 MicroSDHC カード	WiFi & Bluetooth	頑丈なケース	ヒートシンク
カードリーダ	日本語取扱書	高品質 HDMI ケーブル	2.5A 電源アダプタ

図 2-2　スターターキットの例
（出典：ABOX「ABOX ラズベリーパイ 3 モデル b ＋スターターキット」）

図 2-3　USB マウス（出典：アマゾン「Amazon ベーシックマウス USB MSU0903」）　　図 2-4　USB キーボード（出典：ロジクール「Logicool 有線キーボード k120」）

⑪ HDMI が接続可能なモニタ〔HDMI 端子がない場合は HDMI への変換アダプタが必要（**図 2-5**、**図 2-6**、**図 2-7**）〕

＊⑨～⑪は初期設定を除き、必須ではない（一時借用という選択肢もある）。

⑫無線または有線 LAN によるインターネットへの接続環境（**図 2-8**）〔無線

図2-5　HDMI端子付き液晶モニタ（出典：クマン「kuman 7インチ1080P HDMI液晶モニタ」）

図2-6　VGA端子付きモニタにはVGAケーブル（図の右。出典：サンワサプライ「SANWA SUPPLY KC-VMH5ディスプレイケーブル」）とVGAメス－HDMIのアダプタ（図の左。出典：Qtuo「Qtuo 1080P HDMIオ ス to VGAメスビデオ変換アダプタケーブル」）が必要

図2-7　DVI端子付きモニタの場合はDVIオス－HDMIのアダプタ〔出典：VCE「VCE DVI（24＋1オス）-HDMI（メス）変換アダプタ」〕が必要

接続数：8台まで　　　　　　　　接続数：48台まで

図2-8　無線ルーター〔出典：NEC「無線ルーター親機 Aterm PA-WG 1200CR」(左)、バッファロー「無線アクセスポイント WAPM-1266R (右)」〕

　　LANルーターの接続可能台数に注意する（安価なルーターは1〜5台しか接続できないものが多い）〕
⑬スイッチ付きコンセント（必須ではない。ラズベリーパイのオン／オフ用。図2-9）

図2-9 スイッチ付きコンセント（出典：ヤザワコーポレーション「省エネタップ Y02F110WH」）。スイッチ付き電源アダプタを購入した場合は不要。

(2) PCでダウンロードしたOS（Raspbian）をマイクロSDカードにコピーする

OS（Raspbian）をマイクロSDカードにコピーする手順は以下の通りである。
①SDカードフォーマッターでマイクロSDカードをフォーマットする。
　・新品のマイクロSDカードの場合、フォーマットは不要。
　・Windows標準のフォーマットでは動作しないことがある。
②ラズベリーパイのホームページ（HP）からOSをダウンロードして解凍する。
③解凍したファイルをマイクロSDカードにコピーする。
　以下に手順の詳細を示す。

①SDカードフォーマッターでマイクロSDカードをフォーマットする

「SDメモリ　フォーマッター」で検索すると、「SDメモリカードフォーマッター - SD Association」のページが見つかり、さらにそのページの「Windows用ダウンロード」ボタンをクリックすると「SDメモリカードフォーマッター Windows用」のページ（https://www.sdcard.org/jp/downloads/formatter/eula_windows/index.html）に遷移する。

このページ（英語の文がたくさん書いてある）の最下にある「同意します」ボタンをクリックするとSDカードフォーマッターをダウンロードできるので、ダウンロードしたファイルを実行し、「SDカードフォーマッター」をインストールする。

ダウンロードしたファイルをインストールする具体的な手順を以下に示す。
（ⅰ）「ダウンロード」フォルダの「SD_CardFormatter0500SetupJP.exe」を
　　ダブルクリックする。

(ⅱ) 最初の画面で「次へ」ボタンをクリック（図2-10)、つぎの画面で「使用許諾契約の条項に同意します」のチェックボックスをクリックした後「次へ」ボタンをクリックする（図2-11）。

図2-10　SD Cardフォーマッターの画面　　図2-11　「使用許諾契約の条項に同意します」のチェックボックスをクリック

(ⅲ)「インストール先のフォルダー」の画面が現れるので、「次へ」ボタンをクリックすると、「プログラムをインストールする準備ができました」の画面に移るので、その画面の「インストール」ボタンをクリックする。
(ⅳ)「このアプリがデバイスに変更を加えることを許可しますか？」と聞かれるので「はい」ボタンをクリックする。
(ⅴ)「InstallShieldウィザードを完了しました」の画面が現れるので「完了」ボタンをクリックすると、もう一度インストールの許可を聞かれるので「はい」ボタンをクリックする。
(ⅵ)「SDメモリフォーマッター（SD Card Formatter)」が起動し、図2-12の画面表示される。
(ⅶ) マイクロSDカードをカードリーダーに挿入してUSBポートに差すと、SDカードのドライブが表示され、フォーマットできる（通常は図2-13のようにクイックフォーマットを選ぶ)。

②ラズベリーパイのHPからOSをダウンロードして解凍する
(ⅰ)「ラズベリーパイ NOOBS」のワードで検索すると「Download NOOBS for Raspberry Pi」というホームページが表示されるのでそのページを開く。

第2章 工場の情報を収集するシステムを自作する

図2-12 SDメモリフォーマッターの　図2-13 SDカードをフォーマットで
　　　　画面　　　　　　　　　　　　　　　　きる

（ⅱ）そのページに図2-14が表示される。図2-14の「Download ZIP」ボタン
（だ円の部分）をクリックすると、NOOBS（1.6GB）をダウンロードできる。

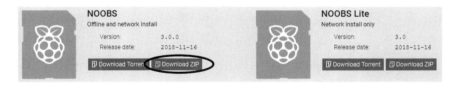

図2-14 「Download NOOBS for Raspberry Pi」のトップページ

（ⅲ）ダウンロードしたフォルダ（通常はダウンロードフォルダ）を開き
NOOBSzipファイルを右クリックすると、メニュー（図2-15）が表示され
るので、その中から「すべて展開」をクリックすると、ファイルと同じ名前
のフォルダが作成される（図2-16）。

③解凍したファイルをマイクロSDカードにコピーする
　解凍ファイルのコピーの手順は以下の通りである。
（ⅰ）ファイルと同じ名前のフォルダを開く。
（ⅱ）右上の「すべて選択」（図2-17のだ円の部分）を右クリックし、現れた
メニューの中から「コピー」をクリックする。

47

図2-15 NOOBSzipファイルのメニュー。「すべて展開」をクリック

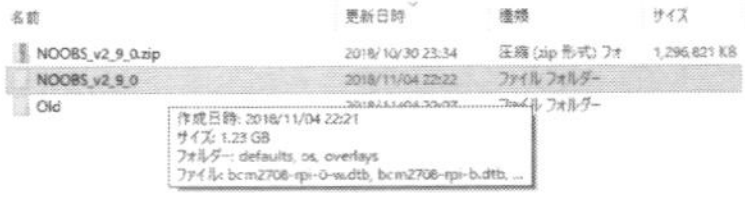

図2-16 ファイルと同じ名前のフォルダが作成される

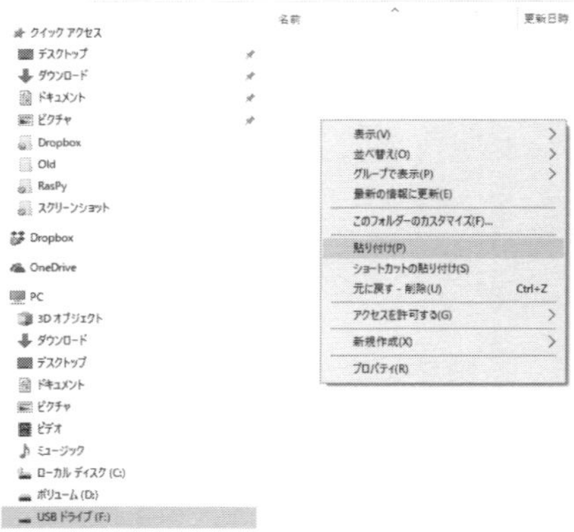

図2-17 「すべて選択」を右クリックして「コピー」を選ぶ

図2-18 ファイルをマイクロSDカード（USBドライブ）にコピー

（ⅲ）図2-18のようにコピー先の一覧が表示されるので、マイクロSDカード（USBドライブ）にカーソルを合わせ、右クリックしてメニューから「貼り付け」を選んでクリックする。

（ⅳ）マイクロSDカードにNOOBSのフォルダが保存されたことを確認しマイクロSDカードを取り外す。

(3) OSをインストールする

(ⅰ) ハードウェアを接続する。その手順は以下の通りである。
(a) ラズベリーパイ3にケースを取り付け、USBキーボードとマウス、HDMI ケーブル経由でモニタを接続する（**図2-19**）。

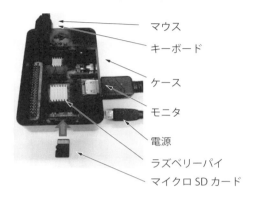

図2-19　周辺装置の接続

(b) 45～46ページで作成したマイクロSDカード（図2-19参照）をラズベリーパイにセットする（**図2-20**）
(c) 電源ケーブル（図2-19参照）を差し込む（**図2-21**）。

図2-20　マイクロSDカードをセット　　図2-21　電源ケーブルを差し込む

(ⅱ) 電源ケーブルを差し込んだら電源を入れる。すると**図2-22**の画面が現れる。この画面はラズベリーパイ単体で表示される画面であり、マイクロSDカードは関係ない。画面が変化しない場合は電源を切ってマイクロSDカードを抜き差しし、再び電源を入れてみる。

図2-22　ラズベリーパイ単体で表示される画面

(ⅲ) 読込みが始まると**図2-23**の画面が表示される。
(ⅳ) OSの選択画面が現れる（**図2-24**）。ただし、LANケーブルを差した状態では、インターネット経由で選択肢をダウンロードするため図2-24とは画面が異なる。その場合は表示された画面から「Recommended」を選択する。

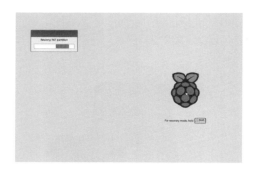

図2-23　読込み中の画面

図2-24　OSの選択画面

(ⅴ) **図2-25**の「Raspbian Full ［RECOMMENDED］」(OS) を選択し、「Install」ボタン（○の部分）をクリックする。

（vi）Raspbianの説明画面が切り替わりながら、インストールが進む（環境にもよるが所要時間は15分〜1時間）。インストールの途中で、画面（インストール中の画面）の下に表示される「言語」を「日本語」に設定しておくと、インストール終了の表示が日本語になり、図2-26のようにインストール終了の表示が現れるので「OK」ボタンをクリックする。

図2-25 「OS（Raspbian）」を選んで「Install」ボタンをクリック

図2-26 インストール終了

（vii）図2-27のような初期画面が現れる。セットアップを促すメッセージが表示されるので「Next」ボタンをクリックする（図2-28）。

図2-27 初期画面がセットアップを促す

図2-28 「Next」をクリック

（viii）国、言語、タイムゾーンを選択する。図2-29のように、Countryは「Japan」、Languageは「Japanese」、Timezoneは「Tokyo」を選択する。

インストール画面で「日本語」を設定した場合には、国、言語、タイムゾーンがすでに設定されてあるので、そのまま「Next」ボタンをクリックする。

(ⅸ) システムに入るためのパスワードを設定する（**図2-30**）。2つの入力ボックスに同じパスワードを入力して「Next」ボタンをクリックする。その際、以下に注意する。

・パスワードを忘れると起動しなくなる。
・パスワードをメモしておくか、忘れないワードを選ぶ。
・何も入力しないと「raspberry」（デフォルト）になるが、ウイルスに感染しやすくなる。
・「Hide Characters」のチェックを外すと入力文字が見えるので、パスワードを確認できる。

図2-29　国、言語、タイムゾーンの選択

図2-30　パスワードの設定

(ⅹ) **図2-31**のようなWi-Fiを設定する画面が現れるので、つなぎたいWi-Fiを選択して「Next」ボタンをクリックする。Wi-Fiの名前とパスワードは無線親機に書いてある。わからない場合はマニュアルを調べるか、詳しい人に聞いてほしい。なお、LANケーブルでインターネットに接続する場合は、LANケーブルをラズベリーパイに接続して「Skip」ボタンをクリックする。

(ⅺ) 無線のパスワードを入力して「Next」ボタンをクリックする（**図2-32**）。

(ⅻ) ソフトウェアのアップデートを促されるので「Next」ボタンをクリックする（**図2-33**）。

(ⅹⅲ) ソフトウェアがアップデートされたという表示が現れるので「OK」ボタンをクリックする（**図2-34**）

第2章　工場の情報を収集するシステムを自作する

図2-31　つなぎたいWi-Fiを選択　　図2-32　無線のパスワード入力

図2-33　ソフトウェアのアップデート　　図2-34　ソフトウェアのアップデート完了

（xiv）セットアップが完了したという表示が現れ、再起動（Reboot）を促されるので「Reboot」ボタンをクリックする（**図2-35**）。これでOSのインストールが完了する。

図2-35　再起動（Reboot）してOSのインストールは完了

(4) PCからラズベリーパイを動かせる環境をつくる

　PCからラズベリーパイを動かせる環境を構築するための手順では、Wi-Fiルーターを使ってPCとラズベリーパイが同じローカルネットワークにつながっていることを前提としている。なお、Wi-Fiルーターを新たに社内LANに接続する場合は、ブリッジモードで接続する（ルーターモード、ブリッジモードについては、ルーターの取扱い説明書を参照）。

　ここでは①「リモートデスクトップ（Windowsの標準プログラム）」を使い、ラズベリーパイを操作できるようにする、とともに②エクセルVBAから直接ラズベリーパイのファイルにアクセスできるようにする。

　それぞれの目的は以下の通りである。

　①（「リモートデスクトップ」を使い、ラズベリーパイを操作できるようにする）の目的は、PCで閲覧したHPやダウンロードしたファイルから、プログラムやコマンドラインをコピーし、リモートデスクトップを介してラズベリーパイにコピーすることで、スペルミスを心配することなくラズベリーパイにプログラムなどを移植できるようにすることである。

　本書の読者は専用のページからプログラムやコマンドラインをダウンロードできるので、一度リモートデスクトップ環境を構築すれば、それらをラズベリーパイに貼りつけることで利用できるようになる。

　②（エクセルVBAから直接ラズベリーパイのファイルにアクセスできるようにする）の目的は、ラズベリーパイのマイクロSDカードに保存されたデータにエクセルVBAから直接アクセスし、データをエクセルシートに書き込めるようにすることである。

　以下に、①（「リモートデスクトップ」を使い、ラズベリーパイを操作できるようにする）の手順を示す。

（ⅰ）ラズベリーパイに「xrdp」をインストールする。

　xrdpは、オープンソースで開発されたフリーのサーバーソフトウェアであり、リモートデスクトップを受け入れられる環境をつくる。

（ⅱ）IPアドレスを固定する（固定しないとアクセスできなくなる可能性がある）。

（ⅲ）リモートデスクトップでラズベリーパイにアクセスする。

（ⅳ）「samba」をインストールし、VBAでファイルにアクセスできるようにする。

手順の詳細を以下に説明する。
（ⅰ）ラズベリーパイにxrdpをインストールする。
　（a）「LXTerminal（LXターミナル）」（プログラムを文字入力により実行させるためのウインドウ）を立ち上げる（**図2-36**のアイコンをクリックする）。

　LXTerminalは、ラズベリーパイにインストールされているさまざまなプログラムを実行するためのアプリケーション（アプリ）である。LXTerminalを使ってプログラムを実行するには、プログラムの名前を入力して「Enter」キーを押す。なお、一部のシステム設定を変更するプログラムは、単にプログラム名を入力するだけでは実行できず、管理者権限で実行することを示す「sudo」をプログラム名の前につけて実行しなければならない。

図2-36　「LXTerminal（LXターミナル）」の立上げ

　（b）sudo apt-get updateと入力して「Enter」キーを押すと、メッセージが表示されたあとに「＄」のマークが表示される。
　（c）sudo apt-get install xrdpと入力すると（**図2-37**）、インストールするかどうかを聞いてくるのでキーボードで「y」を入力する。
　　続いてメッセージが表示され、「＄」が表示されればインストールは終了。

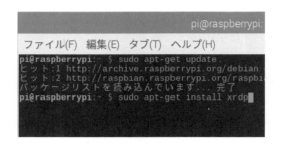

図2-37 「sudo apt-get install xrdp」と入力する

(ⅱ) IPアドレスを固定する
　(a) ラズベリーパイのIPアドレスを調べ、固定するIPアドレスを決める。手順はつぎの通りである。
　　① LXTerminalを立ち上げ、ip aと入力（図2-38）する。
　　② 現れた表示（図2-38）のうち、「eth0」が有線LAN、「wlan0」が無線LANを表している。その中の「inet」のあとの「192.168.###.***」がローカルのIPアドレスになる（図2-38では「192.168.10.101」）。IPアドレスの「###」はネットワークグループの番号、「***」がネットワークの中

図2-38　LXTerminalで固定するIPアドレスを決める

のPCの番号である（図2-38の「/24」の部分は無視してよい）。
  ⅲ 固定するIPアドレスを決めるには、PCとラズベリーパイが同じネットワークに属していると「###」も同じになるので、「192.168.###」までは同じで、そのあとの「***」だけを違う番号とする。通常は、最初に接続するラズベリーパイの番号を129にしておけば問題ない（ルーターは、PCに自動的に「***」の場所に「002」「003」のように順番にIPアドレスを割り振る。ほとんどのネットワークは、128個のPCはぶら下がっていないので、129にしておけばほぼ問題ない。すなわち上の例では「192.168.10.129」）。なお、複数個のラズベリーパイを接続する場合は、登録が早い分から「129、130…」と順番につけていく（同じネットワークに同じ番号のIPアドレスがあると通信ができなくなる）。
(b) ラズベリーパイに固定IPアドレスを設定する。
  手順はつぎの通りである。
  ⅰ Raspbianの初期画面の上部にあるネットワークアイコン（無線LANは「📶」、有線LANは「⇅」）を右クリックするとプルダウンメニューが開くので、そこから「Wireless & Wired Network Settings」を選んでクリックすると（図2-39）、図2-40のように設定ウインドウがポップアップする。
  ⅱ 無線LANでは、参加しているネットワークを設定ウインドウで指定する必要がある。そのため、図2-40のように、「Configure」の欄から「SSID」を選び、右のプルダウンメニューから接続しているWi-Fiルー

図2-39　プルダウンメニューから「Wireless & Wired Network Settings」をクリック

図2-40 設定ウインドウ（無線LANでは参加しているネットワークを指定する）

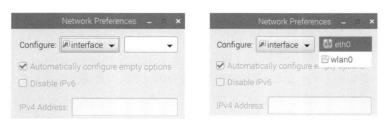

図2-41 有線LANでは右のプルダウンメニューで「eth0」を選ぶ

ター（図2-40では「aterm-2e5483-g」）を選んでクリックする。有線LANの場合は、図2-41のように右のプルダウンメニューで「eth0」を選ぶと**図2-42**のIPアドレス設定画面に移れる。

(ⅲ) IPアドレス設定画面の「Automatically configure empty options」のチェックボックスからチェックを外すとアドレスを入力できる（図2-42）。

「IPv4 Address」の欄に、先ほど選んだIPアドレスを入力し、「Router」と「DNS Servers」の欄に、最後の数字を1に変えたアドレスを入力する。その後、「適用」→「閉じる」の順にボタンをクリックすれば、IPアドレスを固定できる。

なお、以上は手順を簡略化しているため適合しないケースもある。イ

ンターネットにつながらなくなった場合、「IPv4 Address」と「Router」の欄の数字が不適切である可能性が高い。その場合は詳しい人に聞くか、「IPアドレスの基礎」「IPアドレスの固定」などをキーワードにして検索し、適切な数字を選んでほしい。

また、IPアドレスの固定を2回以上行うと、その情報が「/etc/dhcpcd.conf」というファイルに蓄積され、動作不良になることがある。その場合は/etc/dhcpcd.confをテキストエディタ（nano、vimなど）で編集する必要がある。「/etc/dhcpcd.conf　ラズベリーパイ」で検索し、適当な対策を探してほしい。

(c) 再起動（LXTerminalに「sudo reboot」を入力）して設定を反映させれば完了だ。

(iii) リモートデスクトップでラズベリーパイにアクセスする。

「リモートデスクトップ接続」で接続するための手順は以下の通りだ。

(a) Windowsのスタートメニューのアクセサリから「リモートデスクトップ接続」を探す（図2-43）。

図2-42　IPアドレス設定画面

図2-43　Windowsスタートメニューのアクセサリにある「リモートデスクトップ接続」

(b) 図2-44のように、「リモートデスクトップ接続」を右クリックして、「スタートにピン留めする」を選択してスタートメニューから「リモートデスクトップ接続」を選択できるようにする。

図2-44 「スタートにピン留めする」を選択

(c) スタートメニューの「リモートデスクトップ接続」（図2-45）をクリックして起動する。

図2-45 スタートメニューの「リモートデスクトップ接続」

(d) ポップアップした画面に、先ほど固定したIPアドレスを入力して「接続」ボタン（図2-46）をクリックする。

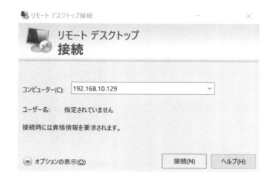

図2-46 リモートデスクトップ接続の画面

(e) ラズベリーパイにPCが接続されると、ラズベリーパイへのログイン画面が表示される（**図2-47**）。その画面の「username」欄に「pi」、「password」欄にラズベリーパイの起動時に決めたパスワード（デフォルトはraspberry）を入力して（**図2-48**）「OK」ボタンをクリックする。

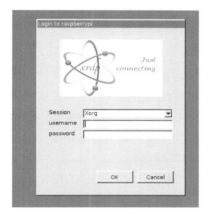 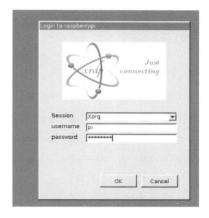

図2-47　ラズベリーパイへのログイン画面　　　図2-48　「username」と「password」の欄を入力

(f) しばらくしてラズベリーパイのデスクトップ画面（**図2-49**）が表示されたら接続は完了だ。

図2-49　リモートデスクトップでラズベリーパイに接続

【リモートデスクトップを使う場合の留意事項】

　リモートデスクトップを介したコピー＆ペースト（コピペ）については、PCからラズベリーパイへはできるが逆はできない。また、「Ctrl + C」（「Ctrl」キーと「C」のキーを同時に押す）、「Ctrl + V」などのショートカットキーを使ったコピペができないアプリがある（例えばLXTerminal）。最も汎用性が高いのはマウスの右クリックメニューを使ったコピペであり、これを使えばLXTerminalにもコピペできる。

　リモートデスクトップでの操作は万能ではない。大部分のアプリは使えるものの、例えば、画面からのシャットダウンや再起動ができないなど、グラフィックを用いた操作に対応していないものが多い。ただし、ゲームなどを除くほとんどの機能はLXTerminalからコマンドライン（コマンド入力）で操作可能である（再起動ならsudo reboot、シャットダウンならsudo shutdown -h now、機能設定はsudo raspi-config）。

　ゲームとは相性が悪く、フリーズする場合がある。フリーズした場合には、ラズベリーパイの電源を抜き差しして再起動する。抜き差しした結果、まれに起動しなくなることもあるようだが、その際は、バックアップしたマイクロSDカード（後述）と交換することになる。

(5) PCからラズベリーパイのデータにアクセスできる環境をつくる

　PCからラズベリーパイを操作できるようになったといっても、PCから直接ラズベリーパイのファイルを操作できるようになったわけではない。しかし、ファイルの参照ができないと、ラズベリーパイの中に保存したデータファイルからデータを取り出せない。そこで、PCからデータ（ファイル）にアクセスする環境を構築する。

　その手順は以下の通りである。

(a) リモートデスクトップからLXTerminalを開く。

(b) 以下のコマンドを入力する（**図2-50**）。

```
sudo apt-get update
sudo apt-get upgrade
sudo apt-get install samba
```

　本書を電子ファイルで参照している場合は、上の3行のコマンドを右クリックで1行ずつコピーしてLXTerminalに貼りつけてもよい（「コピペ＋実行」を

3回繰り返す)。なお、LXTerminalに貼りつける場合は、マウスの右クリックメニューで貼りつける必要がある。貼りつけたあと「Enter」キーを押して実行する。

図2-50　1行ずつコマンドを入力

(c) 図2-51のように、sudo apt-get upgradeのコマンドを入力する際、続行の可否を聞かれるのでキーボードで「y」を入力する。sudo apt-get install sambaでも同じように聞かれるので（図2-52）、同様に「y」を入力する。

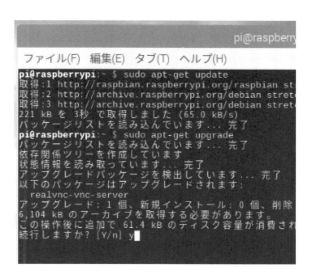

図2-51　「sudo apt-get upgrade」のコマンドを入力する際、続行の可否を聞かれる

図2-52 「sudo apt-get install samba」のコマンドを入力する際も続行の可否を聞かれる

　以上でsambaのインストールは終了である。
（d）sambaをインストールしても、すぐにファイルが参照できるようになるわけではない。参照するためには、sambaの設定ファイルに、ファイルを共有するフォルダやフォルダへのアクセス権などを記述する必要がある。そのため、LXTerminalで動作するテキストエディタnanoを用いて、設定ファイル（smb.conf）を編集する。
　LXTerminalにつぎのコマンドを入力する。
　　sudo nano/etc/samba/smb.conf
　すると図2-53のようなnanoエディタの画面に切り替わる。その際、文字が表示されていなければファイル名が間違っているので、「^X」（「Ctrl + X」のこと）でnanoを終了させ、再度コマンドのスペルを確認する。なお、この画面は最下の2行がエディタ操作のメニューになっている。「＾」は「Ctrl」キーを意味しているので、メニューに書かれている文字（例えば「X」）と「Ctrl」キーとを同時に押すことで、表示されている機能（Xならば「終了」）が実行

第2章 工場の情報を収集するシステムを自作する

図2-53　nanoエディタの画面

される。
(e) ファイルの最後の行に以下のコマンドを追加で入力する（「↓」キーを押してカーソルをファイルの最後の行に移動させてから入力）。

```
[pi]
path= /home/pi
read only = No
guest ok = Yes
force user = pi
```

図2-54のように入力したら「^O」（「Ctrl + O」）を実行する。すると、書込みファイル名（/etc/samba/smb.conf）を確認されるので、上書きするために「Enter」キーを押して実行し、「^X」（「Ctrl + X」）でnanoを終了させる。
(f) LXTerminalに sudo reboot と入力打する（ラズベリーパイを再起動する）。
　ちなみに、シャットダウンは sudo shutdown のコマンド入力で実行され、1〜2分後に電源が切れる。すぐに電源を切りたい場合は sudo shutdown -h now のコマンドを入力する。
(g) WindowsPCのエクスプローラでラズベリーパイの「/home/pi」フォルダ

65

図2-54　ファイルを上書きする

にあるファイルが閲覧できることを確認する。その手順はつぎの通りである。
　　ⓘ　エクスプローラ（コンピュータのドライブ、フォルダ、ファイルが表示される画面）を起動させる。
　　ⓘⓘ　図2-55のように、アドレスバーにラズベリーパイのIPアドレスを入力する（IPアドレスが「192.168.10.129」なら「￥￥192.168.10.129」）。
　　ⓘⓘⓘ　エクスプローラに図2-56のように「Pi」が表示されれば成功だ。
　　なお、まれにsambaによるファイル参照ができない（「Pi」が表示されずにエラーが出る）ことがある。その場合は本書の付録1「WinSCP（フリーソフト）を用いたラズベリーパイ内のファイル参照」（155ページ）を試してほしい。

(6) バックアップ用のSDカードを作成する

　ラズベリーパイは、操作中に電源が落ちた時などにまれにSDカードのデータが壊れ、起動しなくなる場合がある。そうした場合に備え、この段階でバックアップ用のマイクロSDカードを作成することをお勧めする。作成方法は以下の通りだ。
(a) バックアップ用に、ラズベリーパイに差してあるものと同容量のマイクロ

第 2 章　工場の情報を収集するシステムを自作する

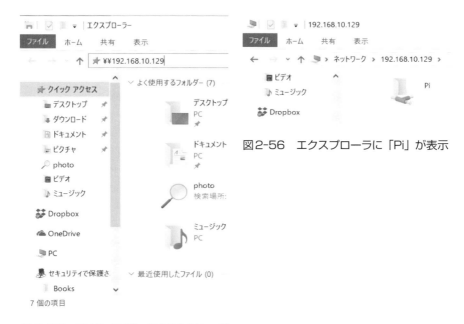

図2-56　エクスプローラに「Pi」が表示

図2-55　アドレスバーにラズベリーパイのIPアドレスを入力

　SDカードを用意し、SDカードフォーマッター（2.1.1項参照）を用いてフォーマットする。
（b）マイクロSDカードリーダーにマイクロSDカードをセットする。
（c）「SD Card Copier」を用いてカードをコピーする。なお、ここから以降の操作は、ラズベリーパイ本体で行う。2019年4月時点では、リモートデスクトップでは動作しないからだ。
　「SD Card Copier」は、スタートメニューのアクセサリタブにある（図2-57）。
　「SD Card Copier」をクリックするとアプリが起動し、データの送り側と受け側のSDカードを指定する画面が現れる（図2-58）。
　起動した当初は、上の送り側のボックス（Copy From Device）にも下の受け側のボックス（Copy To Device）にもSDカードは選択されていない（図2-58）。
　そこで上のボックスに、現在ラズベリーパイにセットされているマイクロ

図2-57　スタートメニューのアクセサリから「SD Card Copier」を選択

図2-58　データの送り側と受け側のSDカードを指定する画面

図2-59　送り側のボックス（Copy From Device）にSDカードを選択

図2-60　SDカードの選択が解除

SDカードを選択する（図2-59）。
(d) マイクロSDカードをセットしたマイクロSDカードリーダーをラズベリーパイに差す。するとポップアップで、ファイルマネージャーを開くかどうかを聞いてくるので「キャンセル」を選択する。
(e) キャンセルすると、SDカードの選択が解除されるので（図2-60）、再度設定する。
　その際、「Copy From Device」が、図2-59に表示されたものと同じになるように設定する。
(f) 設定が終了し、図2-61のように「Start」ボタンをクリックすると、「受け側のSDカードの内容がすべて消えるが構わないか」と聞いてくるので「Yes」をクリックする（図2-62）。

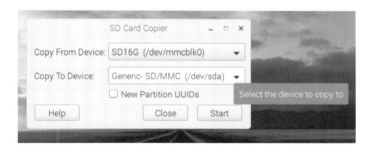

図2-61　設定終了後に「Start」をクリック

図2-62　メッセージに対して「Yes」をクリック

(g) コピーが終了してバックアップが完了する。

なお、PCでSDカードのバックアップを行いたい場合は、「ラズベリーパイ SD　バックアップ」で検索し、イメージファイルによるバックアップを試してほしい。

　以上により、リモートデスクトップを使ってPC側からラズベリーパイを操作できる環境と、ラズベリーパイのファイルにエクスプローラ経由でPCからアクセスできる環境が整った。エクスプローラでアクセスできるファイルは、エクセルのVBAで呼び出せるため、エクセルのマクロからでも、ラズベリーパイ内部に保存されたファイルを参照し、データをエクセルシートに転記できる環境が整ったことになる。

2.1.2　バーコードリーダーを使って工程を見える化する

　2.1.2項で紹介するバーコードシステムは図2-63を想定する。

　このシステムは、材料が投入されてから完成品ができるまでの間、材料（仕掛品）と紐づけされた現品票（日付や製造番号を表示）に記載のバーコードを工程内のいくつかのポイントで読み込むことで、仕掛品がチェックポイントのどことどこの間にあるのかを把握し、加工がどこまで進んでいるかを見える化するシステムである。

　図2-64のようなシステムを市販のバーコードリーダーとラズベリーパイを用いて実現するためには、以下の8つのステップ〔(0) を除く〕が必要となる。

(0)　VBAからラズベリーパイのファイルを参照できる環境をつくる。

(1)　ハードウェアを揃える。

(2)　製造番号をバーコードで表記した現品票を作成する。

(3)　バーコードリーダーのデータをラズベリーパイに保存するプログラムを作成する。

(4)　作成したプログラムをラズベリーパイにインストールする。

(5)　自動起動を設定する。

(6)　ラズベリーパイ Zeroで自動起動を確認する。

(7)　ネットワークを介してデータをPCにコピーする。

(8)　PCに保存されたデータを分析し、グラフ化することでデータを見える化する。

　2.1.2項では、上述の (1)～(6) について解説する。(7) (8) については第3章を参照してほしい。なお、(5) の自動起動は、電源を入れると同時に自動的

第 2 章　工場の情報を収集するシステムを自作する

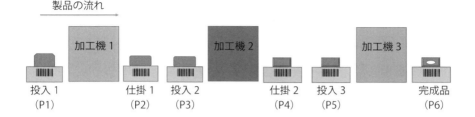

図2-63　想定するバーコードシステム

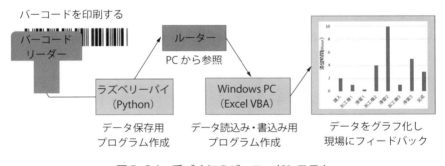

図2-64　手づくりのバーコードシステム

にバーコードを読み込むプログラムを実行させる機能である。この機能をつけておけば、電源が落ちたなど何らかの要因でプログラムが止まった場合でも、電源を入れ直すだけでプログラムが自動的に実行されるため、メンテナンスが楽になる。バーコードリーダー専用のラズベリーパイを複数台設置する場合には、ほぼ必須の機能といってよい。

(1) ハードウェアを揃える

　バーコードシステムを構成するものは、バーコードリーダーとラズベリーパイ Zero およびその付属部品である。なお、動作確認まで〔2.1.2項の「(5) 自動起動を設定する」まで〕は、これまで使ってきたラズベリーパイ3を使用してマイクロ SD カードの設定を行うので、ここで購入するラズベリーパイ Zero は使用しない。以下にその一例を示す。もちろん、スモールスタートが原則なので、購入するのは①〜⑤が各1個。⑥は数種類を各1個揃えることから始めるのが望ましい。

①「ラズベリーパイ Zero WH」もしくは「ラズベリーパイ Zero W」。

　通販のスイッチサイエンスやアマゾンなどで入手できる。価格は2000円程度。

②駆動電源（ラズベリーパイ3用でもよい）。価格は1000円程度。

③USB 変換アダプタ microB（オス）to A（メス）。価格は500円程度。

④マイクロ SD カード（〜16GB）。価格は800円程度。

⑤ラズベリーパイ用ケース。価格は300〜1300円程度。

⑥バーコードリーダー（USB 接続型）。価格は3000円（手動）〜5000円（ハンズフリー）程度。

　なお、①についてはラズベリーパイ3でもよいが、性能的にはラズベリーパイ Zero WH で十分であり、価格もラズベリーパイ3が倍以上になるので、複数個のラズベリーパイが必要な場合はラズベリーパイ Zero WH を使うことをお勧めする。

　①〜⑤についてはあまり悩まないと思うが、⑥は少々悩ましい。まず、手動とハンズフリーだが、手動は指でボタンを押してバーコードを読み取るもの、ハンズフリーは近くにバーコードをかざせば、自動でバーコードを読み取れるものだ。どのリーダーがよいかは現場によっても異なるし、作業者でも意見が分かれると思うので、それぞれ購入して読取りの安定性や設置方法などを実験し、使いやすいものを選んでほしい。

(2) 製造番号をバーコードで表記した現品票を作成する

　バーコードシステムを使うには、まず、製造番号をバーコード化する必要がある。製品番号に相当するバーコードを現品票に記入する最も簡単な方法は、バーコードのフォントを用いることである。「バーコード　フォント」で検索すると、フォントのダウンロード先や、エクセルでの使い方を説明するサイト

が見つかるだろう。フォントのインストール方法は「フォント　インストール」で検索してほしい。使うのは「Code39」というフォントだ。このバーコードは少々長いが、読込みの信頼性が高い。

一方、バーコードを短くしたい場合は「Code128」を使う。Code128を使いたい場合は、「Mibarcode」[注]（フリーソフト）の利用をお勧めする。というのもCode128は、バーの間隔や幅などの設定がシビアなため、フォントだと誤読したり、読み込めなくなったりする可能性が高いからだ。

なお、運用が始まると現品票の作成がルーチンワークになるため、マクロを使って作成と印刷を自動化するのが望ましい。162ページの付録3にフォントを用いた現品票作成マクロの作成方法をまとめたので興味のある方は参考にしてほしい。ダウンロードページ（1ページ参照）からもダウンロードできる。

現品票のサンプルが完成したら、それを使ってバーコードリーダーで読み込めるかどうかをテストする。やり方は簡単だ。まず、バーコードリーダーをPCのUSBポートに接続する。つぎに「メモ帳」を立ち上げ、購入したバーコードリーダーでバーコードを読み込んでみよう。バーコード化した文字がメモ帳に表示されれば、バーコードの読込みができていることになる。

注）M＆I氏が開発したフリーソフト。作成できないトラブル事例も散見されるが、筆者の知る範囲では「エクセルを立ち上げ直す」か「PCを再起動する」か「作動するPCを探す」かによって使用可能となる。作成されたバーコードは高品質で読込みの失敗も少ない。

(3) バーコードリーダーのデータをラズベリーパイに保存するプログラムを作成する

なお、ここからの操作はRaspbianのOS「NOOBSバージョン3.0」（図2-65）で動作を確認しているため、それより古いバージョンだと動かない可能性もあるので注意してほしい。

図2-65　RaspbianのOS「NOOBSバージョン3.0」

バーコードリーダーのデータを読み込むPythonプログラムの作成は以下の通りである。

　メモ帳を用いて以下のPythonプログラムを作成し、「Barcode01.txt」の名前で保存する。なお、ファイル名の末尾の「01」はラズベリーパイIDを示しており、ラズベリーパイごとに異なる。

　同様にプログラムのdataID = '01'は、ラズベリーパイ固有のIDである。すなわち、2番目のラズベリーパイならdataID = '02'、3番目ならdataID = '03'のように、ラズベリーパイごとに異なる固有のID（01〜99：半角数字）を付与し、ラズベリーパイごとに書き換えてほしい[注]。なお、このプログラムはダウンロードページ（1ページ参照）からダウンロードできる。

注）すべて同じにするというオプションもあるが、あえて異なる番号にした。これは、ラズベリーパイごとに同じ名前のファイルがあると、何らかの間違いでファイルを上書きして消してしまったり、どのラズベリーパイのファイルかわからなくなってしまったりするのを防止する狙いがある。運用で確実に分けられるのなら、同じ名前にすることで、ラズベリーパイに挿入するマイクロSDカードを共通化できるというメリットがある。

```
# -*- coding:utf-8 -*-
# ****************************************************
# Barcode reader のデータをラズベリーパイに保存すプログラム
#       Copyright 2019/03 T.Nagayama
# ****************************************************
# 留意点
# ・1行目の -*- coding:utf-8 -*- はコメントを日本語で書く時に必要
# ・ファイル命名規則　%%yymmdd.dat（例 01190301.dat）
#       %%：ラズベリーパイのID　yy：西暦年の下2桁　mm：月　dd：日


from datetime import datetime
       # datetime ライブラリの読込み
from os import makedirs
       # makedirs ライブラリの読込み


dir_='/home/pi/data/'
       # データを保存するフォルダの設定
```

```
makedirs (dir_, exist_ok = True)
      # dir_ のフォルダがない場合に作成する


dataID='01'
      # データID（ラズベリーパイのID）の設定


while True:
          # 以下（インデントの範囲）を繰り返す（Cntl＋Cで終了）
    ans = input()
          # 外部入力待ち（バーコードリーダーorキーボード）
    now_ = datetime.now()
          # データIDと今日の日付からファイル名を作成
    date_ = now_.strftime('%y%m%d')
    file_name = dir_+ dataID + date_ + '.csv'
          # ファイル名


    try:      # try でエラーが出たら exceptのほうを実行
        file_object = open(file_name,'r')
              # ファイルがない場合にエラー
    except:
        file_object = open(file_name,'w')
              # ファイルの作成
        file_object.write(dataID+'_Date,'+now_.strftime('%Y/
        %m /%d')+'¥r¥n')
              # 一行目の書込み
    file_object.close()
          # ファイルを閉じる


    file_object = open(file_name,'a')
          # 追加モードでファイルを再度開く
    file_object.write(ans+','+ now_.strftime('%H：%M：%S')
    +'¥r¥n')
```

```
            # データの書込み
file_object.close()
            # ファイルを閉じる
```

このプログラムの動作はつぎの通りだ。
①データを保存するフォルダがない場合は作成。
②バーコード入力を待つ（バーコード入力は、キーボード入力と取扱いが同じなため、バーコードリーダーがない場合はキーボード入力で動作を確認してもよい）。
③入力があった場合はファイル命名規則に則ってファイル名を作成する。すでにファイルが存在する場合は、そのファイルにデータを追記、ない場合はファイルを作成する。なお、ファイル名は記録日からつくるので、毎日ファイルがつくられることになる。以上の操作が終わると、入力待ちモードに戻る。

(4) 作成したプログラムをラズベリーパイにインストールする

プログラムのインストールは以下の手順で行う。
①ラズベリーパイ3を起動させ、リモートデスクトップを接続する。
②リモートデスクトップ上でスタートメニューから「Thonny Python IDE」を起動する。
③立ち上がった画面にプログラムをWindowsからコピペ（コピー＆ペースト）する（図2-66）。

コピペのやり方は、まず、「Barcode readerのデータをラズベリーパイに保

図2-66　「Thonny Python」の起動（左）と「Thonny Python」の画面（右）

存するプログラム」をメモ帳で開き、「Ctrl + A」で文字をすべて選択し、「Ctrl + C」でコピーする。その後、Thonny Python IDEのプログラム記述欄をクリックし、そこに「Ctrl + V」でペーストする。

その後、何もせずにそのまま保存する（図2-67の○の部分の「Save」と書かれたアイコンをクリックする）と、プログラムの保存名を聞いてくるので「Barcode01.py」という名前で保存する。Raspbianは、ファイル名の大文字・小文字を区別することに注意してほしい。

図2-67 「Save」をクリック

以上でインストールは終了である。なお、Thonny Python IDEを使うのは、プログラムの改行コードの変換を行うためである。この操作を行うことで、改行コードがWindowsの「LF + CR」からLinux（RaspbianはLinux系）の「LF」に変換される。この処理を行わないと、以後の操作が上手く動作しない。詳しくは「改行コード　Windows　Linux」で検索してほしい。

(5) 自動起動を設定する

自動起動の設定は以下の手順で行う。まず、メモ帳を用いて以下のコマンドを入力して設定ファイルを作成し、「python3.desktop」（このファイルのサンプルもダウンロードできる）という名前で適当な場所（デスクトップなど）に保存する。この時、普通に保存すると拡張子が「.txt」になってしまうので、ファイルの種類を「全てのファイル」にして保存する（拡張子が「.desktop」になっている必要がある）。また、このファイルの最後の行はPython3で実行するファイル名なので、ラズベリーパイごとに「01」の部分が変化することになる。

＜python3.desktopに書き込むコマンド＞

```
[Desktop Entry]
Type = Application
Name = windowpy
Exec = lxterminal -e python3 /home/pi/Barcode01.py
```

　あとはエクスプローラを使って「home/pi/.config/autostart」（PCから見たフォルダ名は「￥￥IPアドレス￥pi￥.config￥autostart」）というフォルダにpython3.desktopを保存すれば、設定が完了する。

　以下にその手順を示す。

　まず、PCのエクスプローラのアドレスバーに「￥￥IPアドレス￥pi（￥￥192.168.0.129￥piなど）」を入力し、ラズベリーパイにアクセスする。「.config」というフォルダは隠しフォルダなので、Windowsのフォルダオプションで隠しファイルを表示するように設定する。この操作がわからない場合は「隠しファイル　拡張子　表示」で検索し、手順を説明する適当なサイトを見つけてほしい。

　つぎに、デフォルトでは「autostart」というフォルダがないので、エクスプローラを使ってフォルダを新規作成し（.configフォルダを開いて、右クリックメニューで「新規作成」→「フォルダ」と進む）、autostartという名前にする必要がある。あとは、autostartという名前のフォルダにpython3.desktopを保存すれば設定は完了だ。

　設定できたことを確認するため、リモートデスクトップを開いてファイルマネージャを立ち上げる（図2-68）。

図2-68　ファイルマネージャを立ち上げる

第 2 章　工場の情報を収集するシステムを自作する

　立ち上げた後、「表示」をクリックして「隠しファイルを表示する」を選ぶと.configフォルダが表示されるので、その中のautostartフォルダの中に「windowpy」という名前のファイルを探す（**図2-69**）。このファイルをダブルクリックすると、先ほどインストールしたBarcode01.pyが起動され、**図2-70**のようなまっ黒なウインドウが表示される。そこにキーボードで適当な文字（aaaaaなど）を入力して（**図2-71**）、「Enter」キーを押す。

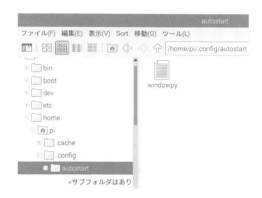

図2-69　「windowpyファイル」の画面

図2-70　真っ黒なウインドウ

図2-71　文字（aaaaa）を入力

　このウインドウがバーコードリーダー入力プログラムのウインドウで、バーコードリーダーの代わりにキーボードを使ってデータを入力したことになる。入力した結果は、「/home/pi/data」（PC側から見たフォルダ名は「¥¥IPアドレス¥pi¥data」）フォルダに保存されるので、エクスプローラで「¥¥IPアドレス¥pi¥data」を開いてみよう。そこにcsvファイルが存在していれば、プログラムは正常に動いている。つぎにそのファイルをドラッグ＆ドロップでPCにコピーし、ダブルクリックでエクセルを開いて、**図2-72**のような表示が

79

	A	B
1	01_Date	########
2	aaaaa	16:58:07

図2-72　csvファイルをエクセルにコピー

得られていることが確認できれば、プログラム動作の確認は終了だ。

　つぎに、バーコードリーダーによる入力が正常にできることを確認する。

　リモートデスクトップに戻って、python3のウインドウをクリックしてから「Ctrl + C」を押し、バーコードリーダーの読込みプログラムを終了させる。さらに、バーコードリーダーをラズベリーパイ3に接続し、LXTerminalにsudo rebootのコマンドを入力して再起動する（スタートメニューから再起動してもよい）。ラズベリーパイ3にディスプレイを接続してあれば、立ち上がった画面にpython3のウインドウが表示されるので、自動起動が成功したことがわかる。

　問題は、ディスプレイが接続されていない場合だ。ディスプレイがない場合は、リモートデスクトップを使って動作を確認したくなるが、これだとUSBポートの確認ができない。なぜなら、リモートデスクトップが起動している時は、入力がPCからとなるので、ラズベリーパイに接続したバーコードリーダーでは入力できないからだ。

　そのためこの確認を行う時は、ラズベリーパイ3にディスプレイとキーボード、マウスを接続することをお勧めする。バーコードリーダーを使ってバーコードを読み込み、/home/pi/dataに確かに保存されているかどうかを確認する作業となる。確認の際は、エクスプローラを使って一度ファイルをPCにコピーし、コピーしたファイルを読み込むようにしよう。なぜなら、直接ファイルを開くと、バーコードリーダー読込みプログラムとの干渉が発生する可能性があるからだ。

　確認が終了したら、ラズベリーパイZero用にSD Card Copierを使ってSDカードをコピーする。

(6) ラズベリーパイZeroで自動起動を確認する

　ラズベリーパイZeroは、CPUが非力な分だけ時間がかかるものの、ラズベ

第2章　工場の情報を収集するシステムを自作する

リーパイ3のSDカードを使って同じように起動できる。しかし、USBポート
はマイクロUSBが1ポートしかないし、HDMIもミニタイプしかついていな
い。そのため、別途マイクロUSB対応のUSBハブ、Mini→標準HDMI変換ア
ダプタを準備しないと、(6) と同様の操作を行えない。ただし、それは必須で
はないため、ここではディスプレイ、キーボード、マウスがない状態で動作を
確認する方法を紹介する。なお、USB変換アダプタmicroB（オス）to A（メ
ス）は必要となるので、事前に準備してほしい（販売している100円ショップ
もある）。

①USB変換アダプタを使ってバーコードリーダーを接続する。

②電源を接続し、LEDがチカチカするのが十分に収まるまで待つ（2〜3分）。

③エクスプローラを開いてpiフォルダを見て、接続が完了しているのを確認
　する。

④バーコードリーダーにバーコードを読ませ、pi/dataフォルダのファイルが
　更新されているかどうかを確認する。

　以上で確認ができれば、設定は成功だ。また、以下の手順で直接起動を確認
できる。

①リモートデスクトップでラズベリーパイZeroを開く。

②LXTerminalに ps-ax と入力する（図2-73）。

　・表示されるリストの中に python3/home/pi/Barcode01.py の記述を
　　探す。見つかれば、自動起動は成功している（図2-74）。

```
pi@raspberrypi:~ $ ps -ax
  PID TTY        STAT    TIME COMMAND
    1 ?          Ss      0:03 /sbin/init splash
    2 ?          S       0:00 [kthreadd]
```

図2-73　「ps -ax」と入力

```
6529 pts/0      S+      0:00 python3 Barcode01.py
6535 pts/1      Ss      0:00 bash
```

図2-74　自動起動が成功

　また、自動起動したプログラムを終了させる場合にも、このリストに出てく
るPID（左端の数字）が必要となる。プログラムを終了させる命令は、kill

81

PID（もしくは`sudo kill PID`）なので、この場合は`kill 929`を入力すればよい。

これまでの手順により、ハードウェアとしての、ラズベリーパイを使ったバーコードシステムが完成する。各ラズベリーパイに保存されたデータを、エクスプローラを使って集めれば、製品番号と通過時間を知ることができる。もちろん、そのデータだけを見ても意味のあるデータにはならない。第3章では、これらのデータをどのように意味のあるデータに変えるかの方法について解説する。

2.2 ウェブカメラを活用して、プログラミングが不要な作業管理用IoTシステムをつくる

ラズベリーパイでは、USB接続によるウェブカメラとラズベリーパイ専用のカメラモジュールが使える。ラズベリーパイ専用のカメラは、静止画、動画の撮影をPythonプログラムで指定できる。そのため撮影開始や保存のタイミングなどを自由にカスタマイズできる。例えば、光スイッチやボタンにより撮影の開始／終了を行ったり、秒単位で録画開始／終了のタイミングを指示したりできる。

ただし、プログラミングの知識が必要であり、モジュールも剥き出しな状態であるため（**図2-75**）、マウントなどを自作する必要がある。

 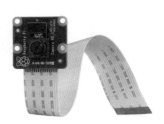

図2-75　ラズベリーパイ専用のカメラモジュール（出典：ArduCAM「8MP Sony IMX219カメラモジュール」（左）、ラズベリーパイ「Raspberry Pi Camera V2」（右））

一方、ウェブカメラ（**図2-76**）は、既存のパッケージ製品を使ったシステムになるため、プログラミングの知識がなくても撮影でき、USBケーブルを

図2-76　ウェブカメラ〔出典：ロジクール「HDウェブカメラC270m」（左）、AUSDOM「ウェブカメラAW615」（右）〕

接続して設定するだけで簡単にシステムを構築できる。

そこで、2.2節では、後者のウェブカメラを用いたIoTシステムについて解説し、ラズベリーパイ専用のカメラモジュールの使い方の解説については別の機会に譲る。なお、ウェブカメラでシャープな画質を必要とする場合は、ある程度高価なもの（4000円以上）を選んだほうがよいだろう。個体差もあるが、安価なもの（2000円前後）にはそれほどの画質を期待できない。もちろん、解像度が要求されない用途（アナログメーターの観測など）であれば安価なもので十分だろう。

2.2.1　生産性向上のための、ウェブカメラによる画像の撮影・記録システムの使い方

ウェブカメラのIoT向け機能としての使い方は、「動画の配信と録画」「一定間隔での静止画撮影」の2つである。通常のビデオカメラのような使い方もできるが、性能も使い勝手もビデオカメラにはかなわないため、ここでは紹介しない。

(1) 動画の配信と録画

工場の稼働状況を示すデータや生産現場の動きをウェブカメラで撮影し、それを社内ネットで配信するとともに、必要に応じて簡易的に録画する[注]。

用途としては、IoTで取得できる生産情報の配信、在庫状況、5Sチェック、作業確認／分析、監視などがある。ウェブカメラは、ネットワークを介して動

83

画を配信し、PCやスマホなどのブラウザで閲覧できるとともに、必要に応じて録画できるシステムである。動画配信にはラズベリーパイで一般的な「MJPG-streamer」を想定し、録画にはWindows10の標準機能である「Game DVR」を想定している。

注）この機能は、スマホでもアプリを使って実現できるが、スマホ自体が高価であること、およびウェブカメラの性能や種類がスマホに比べて多彩で応用範囲も広いことから紹介することにした。

(2) 一定間隔での静止画撮影

長期間にわたる点検が必要な機器の監視や長時間の定期的な撮影をウェブカメラで行う。

用途としては、メンテナンスのためのメーター類のモニタ製品の進捗記録、耐久試験記録などがある。1秒ごと、1時間ごと、1日ごとなど一定かつ任意の間隔で撮影できる。撮影した静止画はネットワーク経由でPCにダウンロードできるため、現場にいかなくても画像を確認できる。

2.2.2　ウェブカメラによる画像の撮影・記録システムの構築手順

以下に、動画配信／録画と静止画撮影／記録システムの構築方法を説明する。

(1) 動画の配信と録画－MJPG-streamerの設定方法－

ここでは、MJPG-streamerのインストールと使い方および自動起動（電源を入れるだけで自動的にMJPG-streamerが起動し、映像をLANに送信し始める機能）の設定方法について説明する。

①ウェブカメラの接続確認

接続しているUSB機器の一覧（ウェブカメラは接続しない状態）をラズベリーパイのLXTerminalに出力する。そのためにまず、lsusbのコマンドを入力する。つぎにウェブカメラを接続し、もう一度lsusbを入力して接続機器が増えていればウェブカメラの認識は成功だ。

②MJPG-streamerのインストール

LXTerminalを起動し、以下のコマンドを順次入力する。各行のコマンド入

力にはしばらく時間がかかるので、「$」マークが表示されたらつぎの行を入力する。また、入力の際は、可能なら必要な設定方法を記述したサブファイルをダウンロードページ（1ページ参照）からダウンロードし、そこからコピペすることをお勧めする。LXTerminalへのコピペには、マウスの右クリックメニューを使う必要がある。

```
sudo apt-get update
sudo apt-get install -y subversion libjpeg-dev imagemagick
svn co https://svn.code.sf.net/p/mjpg-streamer/code/mjpg-streamer mjpg-streamer
cd mjpg-streamer
make
sudo make install
```

これでMJPG-streamerのインストールが終了する。

③ **バッチファイルを作成し、簡単に起動できるようにする**

MJPG-streamerは起動コマンドが長いので、以下の手順で起動用のバッチファイルを作成する。

（ⅰ）リモートデスクトップからラズベリーパイのファイルマネージャを立ち上げる（図2-77）。

（ⅱ）Piフォルダの中の「mjpg-treamerフォルダ」を開く（アイコンをダブルクリックする）。

（ⅲ）その中に「start.sh」という名前のバッチファイルがあるので（図2-78）、それを右クリックしてメニューを開き、「コピー」を選択する。

図2-77　ラズベリーパイのファイルマネージャ

図2-78 「start.sh」(バッチファイル)を選択

(ⅳ) その後、「↑」ボタンをクリックしてpiフォルダに戻り、「貼り付け」を選択してファイルをコピーする。
(ⅴ) piフォルダにあるstart.sh を右クリックして「Text Editor」(テキストエディタ)を選択する。
(ⅵ) テキストエディタに表示される文書の30行目にある、「mjpg-streamer」を起動させるコマンド(./mjpg_streamer…)をコメントアウト(先頭に#をつける)し、代わりに以下の2行のコマンドを入力する。

cd /home/pi/mjpg-streamer

./mjpg_streamer -i "./input_uvc.so -f 10 -r 800x600 -d /dev/video0 -y -n" -o "./output_http.so -w ./www -p 8080"

なお、テキストエディタにはWindowsPCから、リモートデスクトップを介して「Ctrl + C」→「Ctrl + V」の手順でコピペできる。

入力した2行のコマンドの2行目にある「input-uvc.so-f10-r 800×600」の中の「800×600」が解像度、「10」がフレームレート(1秒間に撮影する画像の枚数)となるので、カメラや機器に応じて適宜設定してほしい。最後に「ファイル」メニューの「保存」でファイルを上書き保存すれば完了だ。

第 2 章 工場の情報を収集するシステムを自作する

図2-79　MJPG-streamerの起動画面

④MJPG-streamerを起動し、動画を配信する

　再びLXTerminalを起動し、`sh start.sh`と入力する。入力後、図2-79のような画面が表示されれば正常に起動していることになる。MJPG-streamerが起動すると、ホームページに動画が配信される。配信されるアドレスは、「http://ラズベリーパイのIPアドレス：8080/」（例えば、http://192.168.0.128：8080/）である。

　同じWi-FiネットワークにつながったWindows PCやスマホ、タブレットなどのブラウザのアドレスバーに上述のアドレスを入力し、図2-80の画面が現れれば接続は完了している。

　また、動画を見たい場合は、上述のアドレスの最後に「stream_simple.html」をつければよい（http://192.168.0.128：8080/stream_simple.html）。この画面にはメニューをたどっても進める。

　設定は以上で終了。MJPG-streamerを終了させたい場合は、リモートデスクトップのLXTerminalに戻り、「Ctrl + C」を実行すればよい。

⑤自動起動の設定

　自動起動の設定方法は、バーコードリーダー用プログラムの自動起動で設定したものとほぼ同じだ。以下に手順を示す。
（ⅰ）以下の4行のコマンドをメモ帳に入力し、「streamer.desktop」という名

87

前で保存する。

```
[Desktop Entry]
Type = Application
Name = streamer
Exec = sh /home/pi/ start.sh
```

（ⅱ）エクスプローラでラズベリーパイにアクセスし、「¥¥IPアドレス¥pi¥.config」フォルダに「autostart」フォルダを作成し、上述のstreamer.desktopをコピーする。

以上で設定は終了だ。

ラズベリーパイを再起動し、しばらくして「http://ラズベリーパイのIPアドレス：8080/」にアクセスできようになっているかを確認してみる。なお、自動起動したMJPG-streamerを停止させるには、バーコードリーダーの項（2.1.2項）で解説したのと同様に、LXTerminalで**ps-ax**を実行した後、表示されるリストでPIDを探し、**kill PID**を入力する。

⑥ MJPG-streamerの画像記録

（ⅰ）静止画の記録

「http://ラズベリーパイのIPアドレス：8080/」の後ろに「static_simple.html」をつけると、静止画のHPが表示される（例えば、http://192.168.0.128:8080/static_simple.html）。この静止画を右クリックで「名前を付けて画像を保存」を選択することで静止画を保存できる。なお、この静止画はHPを再読込み（「F5」キーを押す）することで更新できる。

（ⅱ）動画の記録

上述と同様に「stream_simple.html」をつけ、動画のHPを表示した状態で、Windows10の標準機能である「Game DVR」を使う。Windows7のユーザーは「PC　画面　録画」で検索すれば、適当なソフトを見つけられるだろう。

詳しい使い方は「Game　DVR」で検索すれば見つかるので、ここでは以下に簡単に紹介する。

（a）動画のHPを表示し、マウスでHPのどこかをクリックしてから（HPがアクティベートされていればクリックは不要）、Windowsキーを押しながら「G」キーを押して、Game DVRを起動する。

図2-80　録画ボタンをクリックして録画を始める

(b) ポップアップの画面の「はい、これをゲームとして記憶します」の項目のボックスにチェックを入れる。
(c) ゲームバーが開くので録画ボタン（図2-80）をクリックして録画を始める。

これで録画が開始される。録画されたビデオは、「ビデオ」フォルダ内の「キャプチャ」フォルダに保存されている。ゲームバーの「フォルダアイコン」（図2-81）をクリックすると直接開ける。設定を変更したい場合は「設定ボタン」（図2-81）をクリックすればよい。

Game DVRは、Window単位で動画を記録する（標準で1時間、設定により最大4時間）。そのためブラウザの窓の大きさを変えることで、録画される領域が決まる。メニューやマウスカーソルも録画されるので、気になる場合はディスプレイの解像度を下げてブラウザを全画面表示にするなど対策を行う必要がある。

⑦動画の編集

作業記録や稼働率測定のために動画を撮影する場合、動画を見ながら各シーンの所要時間を細かく記録していく必要がある。それには「Avidemux」というフリーソフト（オープンソース）が適している。「Avidemux」で検索すれば簡単にアクセスできる。

このソフトの優れている点は2つある。1つは、経過時間をコピペしてエクセルに貼りつけられること、もう1つは"つまみ"により画像を超高速で早送り、巻戻しができることだ。

図2-81にAvidemuxの画面を示す。この画面に、ビデオファイルをドラッグ&ドロップすると、ファイルが読み込まれる。連続してこの操作を行うと、自動的にファイルがつながって1つのファイルになるので、その状態で保存す

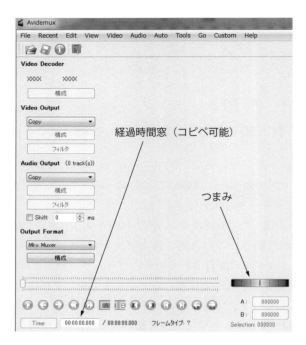

図2-81　Avidemux の画面

るとすべてつながったファイルを作成できる。

　また、適当なところで画像を止めて時間経過窓の時間をエクセルにコピーすれば、時間を引き算することで、経過時間を簡単に求められる。普通のソフトでも時間は表示されるが、それをコピーできるソフトはめずらしい。また、「Time」ボタンをクリックして表示される窓に数字を入力すれば、記録した場所の画像を表示できる。

　つまみは、長時間のビデオを見る時に重宝する。数時間のビデオも数十秒で俯瞰できるため、目的のシーンをスピーディーに探せる。

(2) 一定間隔での静止画撮影－motionによる自動撮影－

　一定間隔での静止画を撮影するための設定手順を以下に示す。

第2章　工場の情報を収集するシステムを自作する

①インストール

リモートデスクトップのLXTerminalから以下のコマンドを入力する。

```
sudo apt-get update
sudo apt-get install motion
```

これでインストールは終了する。

②設定ファイルの編集

以下のコマンドを入力してnanoエディタを立ち上げ、設定ファイルを編集する。

```
sudo nano /etc/motion/motion.conf
```

motion.confは長いファイルなので、一度全部消して以下のコマンドを入力する。

なお、すべてを消す場合は、「Shift + ↓」（「Shift」キーと「↓」キーを同時に押す）ですべての行を選択し、「Ctrl + K」で消せる。

```
width 800
height 600
snapshot_interval 3600
output_pictures off
target_dir /home/pi/motion
snapshot_filename %y%m%d%H
stream_port 8080
stream_localhost off
```

1行目と2行目のコマンドは画像の大きさのことなので、好みの大きさになるように適当に変更してほしい。

3行目のコマンドは定期的に撮影する間隔（秒）である。この例では1時間おきに静止画を撮影する。1日に1回なら86400となる。これも適宜変更してほしい。

また、snapshot_filename %y%m%d%Hは、%yが西暦の下2桁、%mが月（01-12）、%dが日（01-31）、%Hが時間（00-23）である。ここでは、撮影間隔が1時間以上になることを想定しているため、分以下を省略しているが、より短い間隔で撮影する場合は、%M（分：00-59）、%S（秒：00-59）を追加してほしい（snapshot_filename %y%m%d%H%M%S）。

91

あとは、「Ctrl + O」でファイルを保存し、ファイル名を確認された時に、「Enter」キーを押してから「Ctrl + X」でnanoエディタを終了する。

③フォルダの作成

　エクスプローラでラズベリーパイにアクセスし、piフォルダに「motion」というフォルダを作成する（これをやらないと、motionが管理者権限でこのフォルダを自動作成するため、管理者権限でないとファイルを消去できなくなる）。

④画像の確認

　LXTerminalに sudo motion と入力すれば、motionが起動する。映っている画像を見たい場合は、MJPG-streamerと同じく、PCやスマホのブラウザから「http://ラズベリーパイのIPアドレス：8080/」を閲覧すれば見れる。また、自動撮影ができているかどうかは、エクスプローラで「pi¥motionフォルダ」を見れば、時間とともにjpegファイルが増えていくのが見て取れる。

⑤自動起動

　motionの自動起動は、管理者権限で実行する必要があるため、これまでのものとは異なる。まず、nanoエディタで自動起動設定ファイル「rc.local」を開くため、sudo nano /etc/rc.local のコマンドを入力する。

　ファイルの最後にある fi と exit 0 の間に sudo motion を入力する。

　「Ctrl + O」→「Enter」キー→「Ctrl + X」の手順でファイルを保存、終了する。

　以上で自動起動の設定が完了する。ラズベリーパイを再起動して、ブラウザから画像を見られることを確認する。

第2章　工場の情報を収集するシステムを自作する

⑥画像の整理

　多くのデータが集まると、整理しておかなければ確認が大変になる。特に複数のアナログメーターの画像を毎日チェックする必要がある場合は、自動的に一覧表示できるようにしておくのが望ましい。その1つの方法は、エクセルのマクロを用いて画像をシートに一覧表示することである。motionの画像ファイル名は、最初に作成されたファイル名と時間間隔をもとに作成できるので、以下のサンプルマクロを参考に、画像を整理するマクロの作成に挑戦してみよう。以下に、8個のラズベリーパイからの写真を自動的にシートに貼りつけるマクロのサンプルプログラムを示す。

```
For i = 1 To 8
    a = Format(Cells(3,4), "yymmdd")
    j = i + 128
    pic = "¥¥192.168.0." & j & "¥pi¥motion¥" & a & "18.jpg"
    If i Mod 2 = 1 Then j = 1 Else j = 5
    Cells(((i + 1)¥2) * 5,j).Select      '貼付位置指定
    With ActiveSheet.Pictures.Insert(pic) '写真貼付
         .Top = ActiveCell.Top
         .Left = ActiveCell.Left
         .Select
    End With
    Selection.ShapeRange.ScaleWidth 0.5, msoFalse,
    msoScaleFromTopLeft '横1/2倍
    Selection.ShapeRange.ScaleHeight 0.5, msoFalse,
    msoScaleFromTopLeft '縦1/2倍
 Next i
```

　なお、この例では、ラズベリーパイのIPアドレスは「192.168.0.129」～「192.168.0.136」であり、配置する写真の日付がD3セルに記入されている。また、撮影時刻はすべて18時台を想定している（3/4のファイル名は「¥¥192.168.0.129¥pi¥motion¥19030418.jpg」となる）。

　大量の写真データを見やすく配置する方法には、画像の一覧表示のほかに、ビデオ形式にして時間的に並べる方法もある。建築物の作業記録や組立て記録など、長期間にわたり定点撮影した写真をパラパラ漫画のように組み合わせ、

ビデオ形式にまとめる方法である。

　この方法で使うソフトは、フリーソフトとしては「Mam's AVI Maker」などがあり、撮影した写真をまとめてコピーするだけで簡単に動画をつくれる。また、エクセルのマクロを用いても、静止画を連続的に表示することで動画のように見せられる。ダウンロードサイトにそのサンプルマクロがあるので参考にしてほしい。

第3章 IoTで取得したデータを意味あるものとして表示させる

本章では、IoTで取得したデータを意味のあるデータに変える方法およびグラフ化する方法について解説する。特に中小企業に多い多品種少量生産では、同じ条件での生産が少ないためデータの分析が難しい。そのため、取得したデータを意味のあるデータに変えるためには、体系的にデータを整理する必要がある。例えば、部品と組立品が同じカテゴリーで表示されても比較のしようがないが、部品だけ集めて加工状況を比較すれば改善すべき点が明らかになるだろう。

そのような分析のポイントについて考えてみる。なお、不良分析の手法については本書で触れないが、一般には「QC7つ道具」（JIS Q 9024の指針）、「新QC7つ道具」を用いたグラフ化の手法がある。興味のある読者はそれらを検索してみてほしい。

3.1 何をどのように分析するか

データの分析は、その目的とデータの種類によって異なるため、一般的な分析方法を示すのは難しい。そのためここでは、中小企業がIoTを導入する際の主流となる、多品種少量生産における生産性の改善や経営判断に活用できる分析について考えてみる。

まず、最初に考えなければならないのが、「何をどのように分析するか」である。多品種少量生産の場合、同じ工程でつくるものが少ないため、工程が安定する前に生産が終わってしまうことも多い。そのため単純な比較が難しいことから、「難しいからできない」とか「分析してもすぐに変わるから意味がない」といった悲観論に陥りやすいがそんなことはない。

筆者の経験では、仮に一品一様の工場であっても、見える化で発見できるムダは全工数の少なくとも5%、多ければ20〜30%もある。10億円の売上げがある工場なら、5000万〜3億円相当の生産額向上の可能性があるということだ。利益に換算すればその額の10〜30%程度になるとは思うが、それでもかなり大きな額に違いはない。ムダが見えれば改善を効率的に進められる。また、定量化が進めば過去にさかのぼって比較できるようになるため、工程も安定しやすくなる。しかし、工程のどこを集中的に分析すべきなのか、どこにムダが多いのかは工場によって異なるため一般的な回答はない。

では、どこから始めればいいのか。多くの工場に当てはまるのは、各製品の仕掛かり状況を見える化することである。これだけでも使い方によっては生産性改善につながる。なぜなら、仕掛かり状況を見える化すれば、顧客からの納期の問合わせに迅速に対応できるようになり、製作状況を調査するという無駄な作業も減らせるからである。さらに、HPやメールなどで、製作状況の情報を顧客と共有すれば、問合わせ自体も少なくなり、顧客からの信頼度も上がるだろう。それだけでも生産性の改善に寄与するはずだ。

つぎにやるべきことは、同じ製品の生産状況を比較することである。多品種少量生産とはいえ、同じ製品をつくる機会が多いと思う。まずはわかりやすいところから始め、どこがボトルネックになっているのかが見えてくれば、そこを中心により詳細な分析を行えばよい。

一品一様の場合は、同じ製品での比較ができないため、稼働率の測定やビデオを使った動線分析などが有効になるだろう。ラズベリーパイを使えば、第2章でも述べたように安価な作業記録カメラシステムをつくれるので、それを使った分析も行える。

各製品の加工時間がわかるようになることで、営業とのシナジー効果も期待できる。一品一様の場合でも、営業は何らかのルールに基づいて加工費を見積もっている。そのための指標を定量化すれば、見積りの高精度化と見積りスキルの伝承につながる可能性が高くなる。

例えば、金属切削加工ならば、穴やねじなどの数、寸法の数、加工精度、材質、加工面積、表面粗さなどをパラメータにして加工時間を予想するツールをつくってみる。これと実際に測定した加工時間とを照合し、乖離していた場合はその原因を追及してツールを改善する。さらに、それを繰り返すことでツールの精度を上げていくわけだ。また、たとえツールまでたどり着けなくても、営

第3章　IoTで取得したデータを意味あるものとして表示させる

業が見積りと実績の比較を繰り返すだけでも見積り精度は向上していくだろう。

3.2 分析結果をどのように表示させるか

3.1節で述べたような作業分析を行うにあたり、重要になるのが製品の分類である。工程が同じ製品群をまとめるのは当然としても、作業が停滞する要因になりそうな製品群や特殊な工程を含む製品群、また、材料の違いや仕上げ方法の違いなど生産性に影響を及ぼしそうな項目をリストアップし、それをあらかじめ製造番号と紐づけておくと分析が楽になる。紐づけていないと、対応する製造番号をあとから探さなければならなくなってしまう。

紐づける方法はそんなに難しくない。例えば、**図3-1**のようにエクセルの製造番号一覧に属性の列を設け、そこに記入していけばよい。

エクセルには、周辺に空白のある表をデータベースとみなす機能がある。そのため表のどこかのセルを選択し、**図3-2**のようにデータタブの「フィルター機能」を適用することで、キーワードが含まれる製造番号を簡単に抽出できる。

例えば図3-2では、発注元がAMPIとなっている製造番号をフィルター機能を使って抽出している。

属性別（**図3-3**では、「材質」別や「表面仕上げ」別などの区分）の製造番号が抽出できれば、たとえ多品種少量生産であっても、類似の属性を持つデー

	A	B	C	D	E	F	G	H	I	J	K	L
1	製造番号一覧											
2												
3	ID	区分	製造番号	名称	客先図番	個数	発注元	加工順	材質	表面仕上げ	寸法概数	特殊
4	1	普	CF00001	ギア３６	AMP19023	30	AMPI	B	SUS440C	1.6	20	
5	2	普	CD00002	フロントシャフト	CE43D123	1	大同機工	C	SUS304	25	15	
6	3	純	DW00003	上面カバー	2548690	1	山崎工業	A	A5051	25	10	
7	4	普	CF00004	ギア５６	AMP19050	50	AMPI	A	S45C	1.6	20	
8	5	急	BW00005	回転ディスク	2548702	25	山崎工業	D	SUS304	0.2	50	
9	6	普	CF00007	ギア３１	AMP19070	300	AMPI	A	S45C	1.6	20	
10	7	特急	AD00008	サイドステー	CE43A003	1	大同機工	C	A5051	25	10	
11	8	普	CW00010	高温バケット	3558705	1	山崎工業	E	SUS304	25	40	5軸
12												

図3-1　属性付き製造番号一覧表の作成例

97

図3-2　フィルターによる製造番号の選別

図3-3　属性により選別された製造番号

タを集めることで比較検討できるようになる。どの属性が生産性に影響を与えるかは工場によって異なるため、属性の選択は工場側で行う作業になる。これらの属性は定性的には生産現場で把握していることが多いので、初期は生産現場の意見をもとに選ぶのがよいだろう。そして状況がわかってくれば、影響がなさそうな項目は列の後ろに回して入力を省き（業務省力化のため）、試してみたい項目を追加しながら、影響の大きい属性を絞り込んでいく。

あとは属性を鍵にして抽出し、製造番号でデータを絞り込んでグラフ化し、比較検討しながら生産性を低下させる原因を探っていくことになる。

一方、このような分析を行うためには生産現場と管理部門とが協力しなければならない。協力をスムーズに進めるためには、データが誰が見てもひと目でわかる形になっていなくてはならない。そのために必要なのが、データを図表化し、直感的に現状を把握できるようにすることである。

どのような図表にするかは、データの種類と目的によって異なる。例えば、進捗の見える化をしたいのなら、流れている製品が現時点までに通過した加工

エリアについて、横軸を時間としてプロットすると見やすくなる。すなわち、縦軸を製造番号、横軸を時間としたガントチャートをつくるわけだ。また、生産性改善のために加工時間を比較したいのなら、縦軸を加工機ごとの加工時間、横軸を製造番号とした棒グラフにすればよい。社内のチームで情報をスムーズに共有することが目的なので、ひと目でわかるようなグラフになるように工夫したほうがよい。

3.3 表示システムを製作する時の選択肢

3.2節では、何をどのように分析していくのか、それをどのように表示するのかなど仕様の決め方を説明した。そして、仕様が決まると、システムを製作するフェーズに移る。このフェーズにはいくつかの選択肢がある。考えられる選択肢を以下に挙げる。

①決めた仕様をソフトウェアハウスに提供し、分析・表示するソフトウェアを外部で作成してもらう。

②分析・表示するソフトウェアを自作する。

③ソフトウェアハウスにソフトウェアのつくり方を教えてもらう。

④サンプルソフト（本書に記載されたマクロなど）を使う。

多くの中小企業にとっての最善の選択は①だと思う。もしくは④を選択して試験的に運用したあと①に戻るパターンだろうか。

第2章で紹介した、バーコードシステムによる工場の見える化を行う場合、IoT導入で失敗する可能性が最も高いのがバーコードを使って生産現場のデータを取得する仕組みだ。これについては、工場によってやり方が千差万別なため、システムベンダーとしても各工場にマッチしたシステムを提案するのは至難の業だ。仮に提案できたとしても、カスタマイズは必須となり、人員を工場に貼りつけてマッチングさせる作業が必要になるためコストがかさむ。

この問題を避けるには、工場側で生産現場のデータを取得するシステムを構築すればよい。幸い、それに必要な機材やその設定の知識は、第2章で述べたようにそれほど多くなく、初心者でも少し努力すれば対応できるレベルである。

しかし、データを加工してグラフ化するプログラムを作成するのは初心者に

は荷が重い。会社としては、作成できるレベルにまで育てる費用と育つまでの間の機会損失を考えると、外部委託したほうが有利になるだろう。もちろん、それなりの費用（数十～数百万円）は必要になるだろうが、IoTを上手く運用すればそれを超える利益を生み出せるし、何より通常なら数百～数千万円かかる完全カスタマイズされたIoTシステムを、その10分の1程度の費用で短期間に実現できるメリットは大きい。

　もう1つのポイントがシステムのメンテナンスだ。プログラムを自作する場合、将来生じ得るトラブル（Windows Updateやラズベリーパイのバージョンアップ対応など）にも自分たちで対応しなければならない。これは、社内にIT技術を維持する（技術を持つ部門もしくは個人を養成する）必要性を意味している。

　IoTによる効率化で余裕のできた人員をIT要員にするという選択肢もあるが、IT要員がやるべき仕事を確保できるのか、緊急の課題に追われてなし崩し的にIT部門が消滅した場合にどう対応するのかなどさまざまなことを考える必要があるだろう。それに対し、外部委託すれば委託先が存続する限り頼ることができる。

　②の選択肢は、すでにITに詳しい部門を持っているか、もしくはこれを機会にIT部門を創設したいと考える企業に適した選択肢となる。取得したデータをグラフ化するくらいなら、中級のIT技術者でも十分対応できるだろうし、何より工場のことをよくわかっているIT技術者が対応するので、ちょっとした改善でも効率よく実行できるようになる。

　なお、ここで注意しておきたいのが、IT部門と生産現場の間にできやすい壁である。生産現場は対応の悪いIT部門に失望し、IT部門は生産現場からの細かな提案の処理に辟易する、という図式が多くの工場で見られる。この壁をつくらないためには、しっかりとコミュニケーションを図り、互いに尊重し合う土壌を養成することだ。すなわち、IT部門は生産現場にきちんとわかりやすく説明し、生産現場はIT部門の知識を尊重しながら、協力して改善を進めていく環境を構築する必要があるということだ。

　一方、将来を見通すならば、②の選択肢は十分考慮に値する。今後、IT/IoT技術はますます発展するだろうし、それを上手く利用するためのアンテナ役として、このような部門を持っておくことで状況の変化に柔軟に対応できるようになるだろう。

第3章　IoTで取得したデータを意味あるものとして表示させる

　③の選択肢は、①と②の折衷案になる。コストの面では最も不利になるが、IoT導入を機にIT技術者の養成を狙うのならばよい選択肢だろう。なぜなら、仮に養成に失敗したとしても、システムのメンテナンスはソフトウェアハウスに請け負ってもらえるからだ。問題は、教育まで行ってくれるソフトウェアハウスを見つけられるかどうかだろう。

　④の選択肢は、IoTを試験的に使ってみたい企業に適する。最終的に①〜③の選択肢から選ぶにせよ、とりあえず使って効果を見てみたい、どの程度の効果が得られそうなのかを簡単に試してみたいという場合には最善の選択肢となるだろう。ソフトウェアハウスと契約したり、社内のリソースを使ったりする必要がないので手軽に試験できる。また、自社でソフトウェアを開発する場合の参考にもなるだろうし、別のソフトウェアをつくるまでのつなぎとしても活用できるだろう。

　一方でサンプルソフトの中身を理解せずに長期間使うのには、何らかのトラブルが生じた場合、自力で復旧できなくなるリスクがある。トラブルが起こってからソフトウェアハウスに頼むと、1カ月以上システムがダウンする可能性もあるので、これらのリスクをはかりにかけながら運用する必要があるだろう。

3.4 分析・表示マクロをつくってみる

　3.4節では、バーコードシステムを試験用に作成した、バーコードデータ分析用のマクロを例に作成の流れを解説する。

　バーコードシステムは、第2章でも紹介した構成（**図3-4**）を想定する。このシステムで得られたデータをもとに、「①仕掛品がどこの位置にあるのか」「②各加工機の加工時間および加工機間の待ち時間はどれくらいか」がひと目でわかるようなグラフをつくる必要がある。また、製品種別ごとに加工時間を比較するため、製造番号を指定して対象を絞り込む機能も必要となる。

　なお、ここでの解説は、図3-4のように「加工機1→加工機2→加工機3」と流れていく単純なパターンだが、実際の運用では、「加工機1→加工機2→加工機3→加工機2→加工機3」のように、同じ加工機（バーコードリーダー）を複数回通るパターンもあるだろう。そうした場合に対応するため、ダウンロードページ（1ページ参照）には複数通過対応マクロを用意している。

101

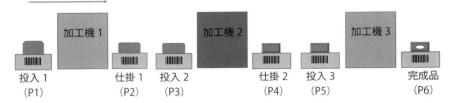

図3-4 マクロ例で想定しているデータの取得方法

　まず、マクロの機能を整理する。このマクロに必要な機能は以下の通りだ。
①ラズベリーパイからデータを収集できる。
②指定したカテゴリーの製造番号別にデータを選別できる。
③データを収集する範囲（何日から何日まで）を指定できる。
④製造番号別にガントチャートを作成できる。
⑤製造番号別に各エリアで要した時間をグラフ化できる。
　一方、バーコードシステムから取得されるデータは、バーコードに記入された製造番号と、読取り時間および読取り場所を示すラズベリーパイ番号とになる。例えば、第2章で述べたPythonのプログラムが出力するデータはつぎのようになる。

　　ファイル名　01190215.csv
　　01_Date,2019/02/15
　　CF00001,09：21：15
　　CD00002,10：08：23
　　DW00003,10：53：31
　　　　　　・
　　　　　　・
　　　　　　・

　ファイル名の最初の2文字はラズベリーパイの番号、その後ろの6文字が日付となる。また、2行目以降は製造番号と読み込んだ時刻を示している。
　まず最初にやるべき作業は、すべてのラズベリーパイのデータの中から特定の製造番号のデータを集め、通過時間の一覧をつくることである。
　図3-5は、筆者が作成したサンプルマクロを用いて、動作試験用に作成した模擬データ（300製品）を分析した結果である。なお、この模擬データは、12

		Barcord System		コメント		開始日	終了日	更新日時	データ数	ステージ	フォルダ	#近 RP	RP_IPAd 1	RP_IPAd 2
KY1	KY2	解析用マクロ				19/2/5	19/2/6	4/20 15:37	15		12 C:\work\a	12	##192.168.24.128	##192.168.24.128
?		更新	分析開始	進捗図	時間分布	消去								
K1	K2	品番	BCP1	BCP2	BCP3	BCP4	BCP5	BCP6	BCP7	BCP8	BCP9	BCP10	BCP11	BCP12
D	A	00008	2/5 16:05	2/5 18:19	2/5 19:44	2/5 21:36	2/5 21:39	2/6 4:37	2/6 6:26	2/6 13:17	2/6 13:45	2/6 16:04	2/6 16:31	
D	C	00011	2/5 19:57	2/5 20:48	2/5 21:01	2/5 21:54	2/5 22:02	2/6 2:40	2/6 8:19	2/6 8:19	2/6 8:27	2/6 9:35	2/6 16:37	
C	C	00015	2/5 22:16	2/6 0:17	2/6 0:40	2/6 1:54	2/6 2:07	2/6 6:55	2/6 7:54	2/6 10:54	2/6 11:06	2/6 12:02	2/6 12:24	2/6 21:25
B	D	00009	2/5 17:50	2/5 18:43	2/5 19:49	2/5 19:56	2/6 1:41	2/6 3:21	2/6 9:10	2/6 8:19	2/6 10:06	2/6 10:09	2/6 22:12	
A	G	00010	2/5 17:31	2/5 20:27	2/5 20:51	2/5 21:36	2/5 21:46	2/6 1:09	2/6 2:11	2/6 8:01	2/6 8:19	2/6 9:22	2/6 9:30	2/6 18:52
A	L	00005	2/5 12:24	2/5 15:21	2/5 15:21	2/5 15:30	2/5 19:52	2/5 20:40	2/6 4:55	2/6 5:07	2/6 5:56	2/6 6:01	2/6 15:32	
B	L	00002	2/5 9:22	2/5 10:38	2/5 10:51	2/5 11:50	2/5 11:59	2/5 18:03	2/5 18:49	2/6 1:54	2/6 2:01	2/6 2:48	2/6 2:53	2/6 10:55
B	N	00001	2/5 8:53	2/5 9:43	2/5 10:03	2/5 11:21	2/5 11:26	2/5 15:33	2/5 15:33	2/5 20:24	2/5 20:31	2/5 21:20	2/5 21:23	2/6 3:53
C	N	00014	2/5 22:21	2/5 23:33	2/5 23:55	2/6 1:03	2/6 6:46	2/6 7:42	2/6 10:49	2/6 11:03	2/6 11:56	2/6 18:05	2/6 21:18	
C	O	00007	2/5 15:01	2/5 16:20	2/5 16:59	2/5 19:10	2/5 19:19	2/6 3:29	2/6 4:32	2/6 7:32	2/6 7:52	2/6 6:23	2/6 18:20	
A	R	00012	2/5 19:08	2/5 20:03	2/5 22:01	2/6 2:01	2/6 3:15	2/6 8:18	2/6 8:30	2/6 9:04	2/6 9:19	2/6 19:41		
B	V	00004	2/5 13:22	2/5 13:07	2/5 13:20	2/5 14:25	2/5 14:31	2/5 20:07	2/5 20:49	2/6 1:56	2/6 2:04	2/6 3:18	2/6 3:20	2/6 10:04
B	W	00003	2/5 13:01	2/5 13:29	2/5 15:21	2/5 15:30	2/5 16:24	2/5 16:24	2/5 17:01	2/6 3:18	2/6 3:25	2/6 3:29	2/6 4:38	2/6 7:24
A	Y	00013	2/5 21:32	2/6 0:18	2/6 0:47	2/6 1:48	2/6 1:57	2/6 8:57	2/6 9:58	2/6 14:44	2/6 14:56	2/6 15:29	2/6 15:34	
B	Y	00006	2/5 13:06	2/5 13:57	2/5 14:16	2/5 15:05	2/5 15:12	2/5 18:35	2/5 19:14	2/6 3:18	2/6 3:29	2/6 4:38	2/6 4:43	2/6 14:46

図3-5　製品番号ごとにまとめた通過時間一覧

力所に設置されたバーコードリーダーでデータを読み取ることを想定している。

　このマクロは、ラズベリーパイのデータをPCにコピーするマクロ（図3-5の「再取得」・「更新」ボタン）、データを製造番号ごとに整理して表示するマクロ（「分析開始」ボタン）、整理したデータをガントチャート化するマクロ（「進捗図」ボタン）、各エリアで要した時間をグラフ化するマクロ（「時間分布」ボタン）、分析エリアを初期化するマクロ（「消去」ボタン）からできている。

　最初に「分析開始日」「終了日」「選択する製造番号」（別シートに記入欄がある）などを入力し、「分析開始」ボタンをクリックすることで、製品が各バーコードを通過した時刻の一覧が表示される。

　このマクロでは、この規模（300 × 12 = 3600）のデータなら処理時間は数秒しかかからない。ただし、製造番号が500を超えると計算時間が長くなるため、期間を限定するか、製造番号を指定してから分析したほうがよい。

　同様にグラフ化も数秒で可能である（PCのスペックはSSD、インテルCORE i3、4GB以上のメモリを想定）。このマクロの詳細については、168ページの付録5を参照してほしい。

　この一覧が作成できれば、各製造番号について横軸を時間、縦軸を製品番号（品番）とすることで、ガントチャートを作成できる。図3-6は、品番別に各バーコード設置ポイントの通過時間を横軸に取ったグラフであり、破線は仕掛かり中であることを示す。

　この図を見れば、未完了品（破線）の最後の工程がどこにあるのか、どのステージまで進んでいるのかをひと目で把握できる。

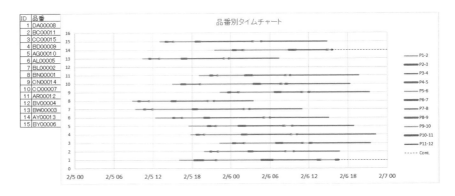

図3-6　品番別の通過時間タイムチャート

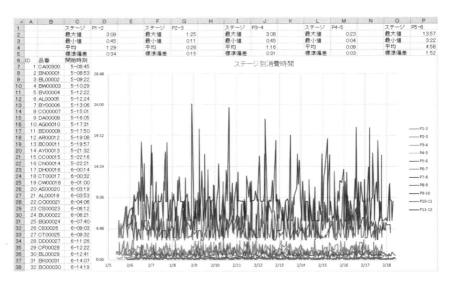

図3-7　各エリアの所要時間のバラツキ

　一方、製造番号別に各エリアで要した時間をグラフ化する機能（「時間分布」ボタン）の出力を見てみよう。この機能で出力されるデータは**図3-7**のようなグラフで表される。

　このグラフ（図3-7）は、縦軸を各エリアの通過にかかった時間、横軸をエリアに入った時刻（開始時刻）としてデータをプロットしたグラフである。こ

第3章　IoTで取得したデータを意味あるものとして表示させる

のグラフには、すべてのエリアについての通過時間がプロットされているが、グラフの右クリックメニューに含まれる「データの選択」からチェックボタンで不要なエリアを外すことで、分析したいエリアのデータだけを表示できる。

なお、このグラフだけでは製造番号がわからない。この折れ線グラフのすべてのプロット（300個）に対し、製造番号はグラフの左側に一覧表示され、開始時刻と紐づけることができる。また、このような分析では、製造番号の把握よりも傾向をつかみたいことが多い。例えば、このグラフが右にいくほど下がっていれば、慣れや改善により作業時間が短縮されていることを示し、このグラフのように変動が激しければ、変動が激しい要因を分析することで工程の安定化につながるだろう。なぜなら、安定した理想の工場であればこのグラフはすべての工程で横一直線になるはずだからである。

なお、データを分析するためにグラフを見る時は、理想のグラフを頭に浮かべ、それと比較しながら原因を分析することが効果的だ。本来はどのようなグラフになるのか、それにトラブルが起こった時にどうなるのかなどを想像しながら見ることで、グラフを読み取る力も大きく向上する。

また、各ステージ（各バーコードリーダーの間）で要した時間の最大値、最小値、平均値、標準偏差を別途計算し、グラフの上部にまとめている。この数値には以下のような意味がある。

最大値：工程遅れの原因を究明する時に最初に注目するポイント。

最小値：目標値であり、ここまで短縮できる可能性がある。

平均値：実際にかかった時間。製品の個別原価を計算する場合などに用いる。

標準偏差：バラツキ。標準偏差を平均値で割った値が大きいほど、工程は安定していない。

以上のようにデータを簡単に分析、評価できる環境を構築することで、日々の工程評価が可能になり、改善活動に対する迅速なフィードバックが可能となる。また、グラフ化することで直感的な問題の把握が可能となり、チーム一体となった改善活動を展開できるようになる。

このサンプルマクロにより、バーコードシステムで何がわかるのか、分析用のプログラムにはどのような機能が必要になるのかなどについてのイメージを持ってもらえれば幸いである。

なお、マクロの作成に興味のある人は、まず第5章でエクセルマクロの概要をつかんでから、168ページの付録5に記載しているマクロの説明およびダウ

105

ンロードページ（1ページ参照）にあるマクロのコードを参照するといいだろう。第5章を読み、実際にエクセルでマクロを作成したあとなら、コードの構文は8割くらい理解できる。あとは、コードについてわからないことをネットで検索し、いろいろ試してみよう。そうすれば、このマクロの簡単なカスタマイズができるようになるだろう。

第4章
IoTの運用ポイントを目的別に把握する

　本書をここまで読まれた読者なら、もうおわかりのことと思うが、IoTの意義とは導入することではなく、導入して利益を生み出すことにある。IoTの導入により、どれくらいの投資を回収して利益に替えていけるかは、IoTの運用により決まる。すなわち、IoTの導入に成功するかどうかは、運用方法にかかっているといっても過言ではない。

　以下に導入目的別の運用ポイントを解説する。

4.1 生産性向上のためのポイント−「見える化」と「カイゼン（小集団活動など）」に活かすために

　本章の以降では、IoTに直接関係のない、成果発表会の開催などによる小集団活動の活性化や適切な評価制度の導入によるモチベーションの向上などには言及しない。ただし、それらの取組みにより生産現場が高いモチベーションを維持するとともに、それらの取組みは、生産管理部門との良好な関係が築かれていることが前提となることを了解いただきたい。

　IoTの導入によって、工場の稼動状況やムダを定量化できるようになると、さまざまなカイゼン活動（小集団活動など）が行えるようになる。そして、重要なのはそれらの活動を仕組みとして定着させることだ。そこで製品の加工状況を見える化する活動を例に考えてみよう。

　加工状況を見える化すると、顧客からの納期の確認にスムーズに答えられるようになる。また、HPやメールによって生産状況を顧客に伝えることで、問合わせ自体を減らし、業務を効率化できるだろう。しかし、それが一時期で終わったり、一担当者のみの活動で終わったりしてしまうと効果は限定的だ。効

107

果を継続させるためには、それを仕組みとして定着させる必要がある。製品の加工状況を見える化する活動の例では、加工状況の見方と顧客対応をマニュアル化し、誰でも対応できるようにしたり、特定の顧客のみ閲覧できるページに情報を共有したり、生産状況を記したメールを定期的に発送するメールシステムを作製したりする取組みがそれに相当する。

　一方、カイゼン活動のほうではどのようにIoTを使い、どのようにカイゼン効果を上げていくのだろうか。一例として、第3章で取り上げたバーコードシステムによる時間分析を考えてみる。

　時間分析により、組立工程の前での待ち時間のバラツキが大きいことがわかったとしよう。その原因について生産現場に聞き取り調査をした結果、①完成していない部品があった、②組立図面を理解するのに時間がかかった、③部品を集めるのに時間がかかった、などの声が上がってきた。

　こう書くと何気ないやり取りに思えるかもしれないが、IoTの真価はここにある。IoTを導入する前も、ここに挙げた要因は存在していたし、それで生産性が落ちていることも生産現場では認識されていたはずだ。しかし、生産性を下げる要因は他にもたくさんある。例えば、営業からの電話対応、部材運びの手伝い、ちょっとした雑談など、社内のコミュニケーション活性化に不可欠な活動も生産性の低下要因には違いない。調査で指摘されなければ上述の3つをあえて生産性低下要因としてピックアップすることはないだろう。

　ところが、待ち時間のバラツキを他（組立工程の前での待ち時間以外の時間）と比較することで、それらの要因がどのくらい生産性に影響を与えているのかを定量化できた。そして、その結果を生産現場と共有し、その問題（カイゼン活動の生産性向上で取り組むべき課題は何かという問題）を顕在化できたのである。すなわち、この例でIoTが果たした役割は、考え得る多くの要因の中から効果的なものを抽出し、それを定量化することで、みんなの力を結集するための根拠をつくり出すことにあったのだ。

　このようにIoTを導入するとカイゼンテーマを効果的に選定できる。定期的にテーマを決めてPDCA（計画・実行・評価・改善）サイクルを回す仕組みをつくり、その仕組みを明文化することで効果的なカイゼンができるようになるだろう。なお、カイゼンを行う際は、可能な限り対策も仕組み化するように努めたほうがよい。

　上述の問題の対策を考える場合を例に考えてみよう。問題点は以下の通りで

ある。

①完成していない部品があった。

②組立図面を理解するのに時間がかかった。

③部品を集めるのに時間がかかった。

これらの問題点に対してはまず、作業者のモラルに頼る対策はつぎのようなものだ。

①完成していない部品がないようにするよう生産管理に注意した。

②わかりやすい図面を描くように設計に申し入れた。

③正規の部品置場に部品を置くように周知徹底した。

つぎに、手順を仕組み化する例を以下に挙げる。

①部品チェックシートを作成し、組立ての1日前にチェックするルールをつくった。

②組立図に3D（次元）見取り図を入れることをルール化した。

③部品ごとに部品置場を明示するシールを貼りつけた。

最後にハード面で仕組み化する例を挙げる。

①自動的に手配状況を調べ、遅れそうな部品があるとアラートを出すシステムを作成した。

②3D見取り図が、組立図に自動で挿入されるマクロを開発した。

③バーコードリーダーによる在庫管理システムを導入した。

いうまでもなく、作業者のモラルに頼る対策では不十分で、少なくとも手順を仕組み化する対策が必要となる。可能なら、ハード的に仕組み化することも視野に入れた対策を考えるべきだろう。

もう1つ、カイゼンテーマを決める際に留意すべきことがある。それは、「今年度の生産性向上目標を10％とする」といったたぐいの安易な目標設定は止めることだ。こういう目標はIoT導入の初期ならまだしも、数年後には必ず破綻する。そもそもカイゼンの目的は、①最善の生産性に近づける、②最善の生産性を維持することであり、最善に近い状態であれば維持するだけでも十分賞賛に値するのだ。

しかし、維持することを目標にするのは難しい。そこで、目標は総枠ではなく先述の例のように個別に設定し、1つひとつ解消していく。そういう手法であれば、製品や装置が変わるたびに新たな改善点が見つかるので継続的に成果を上げられ、結果的に最善の状態を維持することもできるだろう。成果の上が

らない活動ではモチベーションも上がらないので、最善の状態を維持することは難しい。

その他の応用としては、IoTを横に展開していくことがある。例えばバーコードシステムなら、生産管理だけでなく在庫管理や装置の管理などにも応用できるだろう。IoTの効果が明らかになれば、新たにラズベリーパイを使って装置の稼働率測定などに挑戦してみてもいい。新しい情報が得られれば、新しいムダが見つかり、それを1つひとつ解消するたびに企業の競争力は向上していくのである。

4.2 不良率低減のためのポイント －不良要因の絞込み用データを取得

不良率低減を目的としてIoTを導入する場合、まずは不良率および直行率（手直しせずに加工できた割合）の推移を日々モニタリングすることが基本となる。それは、この比率の推移と想定要因（環境、機械、人、材料など）との間に相関があるかどうかを調査し、原因を絞り込むためだ。また、相関がありそうな項目のデータも同時に測定する必要がある。

相関がありそうな原因を推定する際には、特性要因図（魚の骨）を使ってみよう。「QC　魚の骨」で検索すれば魚の骨を解説しているサイトがたくさん見つかるだろう。なぜ特性要因図が必要かというと、特に不良に関しては、生産現場の認識が間違っていることも多いためだ。別のいい方をすれば、現場が原因を正しく認識している不良の多くは対策済みで、わかっていないものが残っていることが多いということだ。

人の脳は偶然に起こったことでも物語にする性質を持っているといわれている。例えば、不良が起こった時は他の日より寒かったという経験を3回したら、寒いことが不良の要因だと考え、それに適合する理屈（物語）を考え出してしまう。しかし、冬の寒い日と夏の寒い日の気温は大きく異なるし、不良が起こった日は本人が風邪ぎみだったのかもしれない。ところが、寒さが原因だという結論に一旦落ち着いてしまうと、それ以外の可能性をあまり考えなくなってしまう。

しかし、特性要因図を使えば、チームで客観的に原因を推定できるので、たくさんの可能性に目を向けることができ、見逃しも少なくできる。さらに、要

因を洗い出した後に、それらの要因に優先順位をつけていく段階にも落とし穴がある。こういう時は経験豊富な生産現場の職人の意見が通りやすくなるだろう。しかし、勘違いしてはいけない。経験豊富なのは通常の製品に対してだけであって、発生している不良に対して経験が豊富なわけではない。不良が、それまで発生したことのない原因に起因する場合もある。そういう場合は経験ではなく、論理で要因を絞り込むべきだろう。こう考えると、原因究明の優先順位をつけるのはかなり難しいことがわかるだろう。

　こういう場合に役立つのが、ラズベリーパイなどを用いた安価な自動測定装置を自作することである。自動測定だから人手はいらないし、価格も大したことはない。可能性のある要因を網羅的に測定する装置をつくったとしても、10万円もあれば十分にお釣りがくるだろう。すなわち、IoTを使って不良率低減を目指すなら、安価な測定器を自作して、無駄になるかもしれない大量のデータを取得するのが効果的だ。十数種類のデータをモニタリングするシステムで99.999％の無駄なデータを蓄積しても、0.001％の有益なデータに期待する。不良解析をしていると、そういう場面に遭遇すことも多い。それに対して「ムダが多過ぎではないか」という声もあるだろうが、そんなことはない。そもそも不良が発生する確率は低いことが多いので、不良が起こる原因をつかむためには、正常な加工の記録を大量に取得し、その中に含まれるわずかな不良が発生する条件を選び出さなければならない。要するに、日々大量の無駄なデータを蓄積することが、不良率改善を目指す運用の基本だということだ。あとは、大量のデータから目的のデータを見つけるスキル（多くの場合はエクセルでグラフ化するだけ）を持つことで不良の原因を絞り込んでいく。

4.3 情報共有による シナジー効果のためのポイント

　シナジー効果を積極的に活用するには、目的を明確にし、しっかりと計画を立てて活用していく必要がある。例えばバーコードシステムを利用すれば、原理的には個別原価を計算できるが、細かいところまで含めてこの計算を行うのは容易ではない。それを計算するためには、いわゆる共通費（電力・ガスなどのユーティリティーや共通の人件費）に含める費目を決め、個別の材料費を求めなくてはならない。経理システムがそれに対応していればよいが、そうでな

い場合はどういう基準で材料費を区分けするのか、また、共通費にどの費目を割り当てるのかなど、考えなくてはならないことが多くある。すなわち、これをやろうとするならば、しっかりした目的意識を持ち、計画を立て、意識的に計算できる仕組みを構築しなければ実現しないということだ。

　一方、IoTの導入をスモールスタートから始めると、最初はシナジー効果を狙えるほど広範囲に導入できない可能性が高い。そのため全製品へと広げる際、シナジー効果を考慮したシステムにはならない可能性がある。なぜなら、範囲を広げる時は、狭い範囲で成功した手法を継承するので、そこに新たな仕組みを入れることまで気が回りにくいからだ。

　そのためスモールスタートから適用範囲を広げる時は、単に適用製品やエリアが広がるだけでなく、関連部門も広がるという発想を持つことだ。IoTを用いて取得できるデータを利用する方法はないかと関連部門に声をかければ、各部門が協力し合い、シナジー効果を出しやすいシステムの構築が可能となるだろう。

4.4 製品の付加価値向上のためのポイント

　製品の付加価値向上を目指すのなら、第1章で述べたデザイン思考の考え方を社内に浸透させることが効果的だ。すなわち、顧客の立場になって、顧客の感じ方を再現し、自分で手を動かして数多くの試作を繰り返し、それを顧客に試してもらい、顧客の意見を取り入れて改良を繰り返すことだ。

　そのデザイン思考的スタイルにIoTはよくなじむ。部品は安価なうえ使い回せるし、知識さえあれば驚くほどさまざまな用途に応用できる。情報にはインターネットから無料で取得できるものが多く、部品類の大きさも手のひらサイズ以下なので実験しやすい。ただし、IoTは総合技術なので、単独ですべての技術をまかなうのは難しい。初めのうちは技術的に足りない部分を補ってくれる協力者を探したほうがよいだろう。なぜなら、スマホやネット用のプログラム開発や、電子回路の設計、機工部品の設計・製作などの技術をすべて持ち合わせている企業はほとんどないと思うからだ。協力者としては、専門の企業やNPO（特定非営利活動法人）、大学や研究機関との共同研究なども視野に入れるべきだろう。

第4章　IoT の運用ポイントを目的別に把握する

　一方、矛盾するようだが、プロトタイプをつくるのにこれらの技術は必要ない。想定している機能が実現できそうか否かさえわかれば、あとは手づくりで機能を再現し、顧客の意見を聞きながら機能をブラッシュアップしていける。

　例えば、椅子をつくっている会社が健康ブームにあやかって体重計付きの椅子をつくり、健康管理のアプリと連動させる場合を考えてみよう。この場合、顧客に椅子に座ってもらい、体重がアプリに送信されたと想定して手書きの健康管理メニューを顧客に見せて感想を聞く。この実験により、管理メニューの項目や椅子の座り心地、メニューの表示方法、類似のサービスとの比較などについて情報を得られるだろう。そういう工夫を駆使し、顧客に受け入れられるシステムの構想が固まったら協力者に依頼する。

　こうした雰囲気づくりは社長自ら実行してほしい。社長は、新しい情報に興味を持ち、自社の製品に応用できそうな技術にアンテナを張り、社員のアイデアに耳を傾ける。また、できそうだと思えばすぐに行動に移し（実際にプロトタイプをつくってもらう）、つくってもらったプロトタイプはどんなに忙しくてもきちんと評価し、挑戦して失敗しても決してあきらめない。そういう姿勢を貫けば、自然にさまざまなアイデアが生まれる風土が築かれていくに違いない。

4.5 モチベーション向上のためのポイント

　モチベーションの向上を目的に IoT を導入する場合、評価の透明性とフィードバックの迅速性が鍵を握る。IoT の導入で工程ごとの成果が明確になると、定量的な評価がリアルタイムで可能となる。一方、それを待遇面（賞与など）にまで反映させると、他の部門から反発される可能性もある。誰が見ても顕著な成果が生まれた場合は賞与などに反映させてもよいが、通常の成果に対しては、社長が直接声をかけたり、社内報に掲載したりするなど、活動を気にかけていることを示すだけでも十分だろう。努力した結果を認めてもらうだけでもモチベーションは向上する。すなわち、社長（もしくは上長）が、IoT から集められたデータを日頃からチェックし、できるだけ早いタイミングで生産現場に声をかける必要があるということだ。これを習慣化することで社内に一体感が生まれ、モチベーションも向上していくだろう。

113

もう1つのモチベーション向上は、新しいことに挑戦することで創造を楽しむことである。施策としては、4.4節でも述べたように社長自らが雰囲気づくりを行うとともに、第1章で触れたようにIoTによる創造を楽しむチームを育てていくことである。このやり方を進めるためには、例えば見た目がおもしろい人感センサー付き表示灯やモフモフボタンを押しての作業効率測定映像の記録などのように、機能性とともにデザインを重んじたり、大学と共同で学生たちの自由な発想を取り入れたりするなど、遊び心を許容する寛容さも必要だ。このやり方が日本の製造業の風土になじむかどうかは微妙だが、上手く機能させれば、さまざまなアイデアを生み出す次世代企業に生まれ変われるだろう。

4.6 IT人材育成のためのポイント

　IT人材の育成は、第1章でも触れたように最初は興味のある人やIoTを楽しめる人を集めることから始めればよい。ただし、それを伸ばしていこうとするのならば、会社の積極的な支援が欠かせない。「先ず隗より始めよ」という故事成語にもあるように、たとえ最初は数人の熟年世代が趣味で集まってきただけだとしても、その後会社がしっかりとフォローすれば、やがて少しずつやりたい人が増えたり、集まってきたりするだろう。

　支援策としてはまず、社長（もしくは部門長）が活動をしっかりフォローして、ITが自社にとって重要であり、それへの取組みに期待していることを行動で伝える必要がある。ただし、これが意外と難しい。

　例えば、IT人材候補者が、本書の第5章を読んで簡単なマクロを作成できるようになったとしよう。そして、ちょっとした業務改善のマクロを作成してその内容を社長に報告したとする。ところが、社長はマクロを覚える暇はないだろうから、プログラムなどを見てもわからないし、興味も湧かない。しかも、そのマクロでできることといえば、児戯に等しいコピペの自動化であったなら、それを自慢げに説明されても聞きたくもないというのが本音だろう。そこで社長はにっこり笑って別件を理由に席を立つ。取り残されたIT人材候補者は、一生懸命つくったマクロを軽く扱われたため、マクロをつくりたいとは二度と思わないだろう。実は初心者にとって動くマクロをつくるだけでも大変な努力が必要なのだが、それを理解できる人が少ないのだ。

第 4 章　IoT の運用ポイントを目的別に把握する

　それではどうすればよいのか。まず、社長はプログラムがわからないし、自ら習得する時間もないので、そこは IT 人材候補者に期待するということを伝えておく必要がある。そして、IT・IoT を使ってどういう会社にしていきたいのか、どのような内容の報告を期待しているのか、そのためはどのような支援をすればよいのかなどについて話し合うとよいだろう。会社の将来の話をする時、社長の熱意は IT 人材候補者にきっと伝わるはずだからだ。

　もう 1 つ注意すべきは経営層の心変わりだ。人材育成は最低でも数年かかる長期プロジェクトだ。途中で方針が変わると、せっかく育ててきたものが無駄になってしまう。心変わりを避けるため、しっかりと長期の育成計画を立て、それに従って育成すべきだろう。中断せざるを得ない状況もあるだろうが、その場合には再開の時期も含めて当事者と話し合えばよい。

　他の支援策としては、以下が考えられる。

・セミナーや学校に参加させる。
・大学や公的機関に研修を依頼する。
・自主学習の学費の補助を行う。
・講師を雇う。
・IT 関連の目標を立て、達成したら報奨金を出す。
・IT 関連のサークルをつくり、そこに予算をつける。

　どの支援策を行うにせよ、基本となるのは IT 人材候補者のやる気だろう。彼ら・彼女らにおもしろいと思ってもらうか、それとも期待に応えたいと思ってもらうか。いずれにしても社長の力量が問われるところである。

115

第5章

エクセルマクロを使って
IoTをカスタマイズしてみる

　第1〜4章でIoTの導入・運用の方法について解説した。本章では、さらに自社工場向けに自作のIoTをつくってみたい読者にエクセルマクロ（以下、マクロ）の使い方を解説する。その対象は、エクセルを使ったことはあるが、エクセルマクロは使ったことのない人だ。

　エクセルには、「マクロの記録」という機能がついており、あまり文法を知らなくてもマクロの基本的な構文を学ぶだけでかなり高度な作業まで自動化できる。もちろん限界はあるし、システムエンジニア（SE）が書くような、エクセルの機能を駆使した高速でバグ（欠陥）のないマクロの作成は望むべくもないが、本書で紹介するマクロの一部を改造するくらいならできるようになるだろう。

　また、本章の解説では、IoTを構築するために必要な機能に特化するため、一般的な教科書とはかなり手法が異なる。以下が本書のマクロの解説方針である。

①同じ機能を呼び出す方法がいくつかある場合でも1つだけを提示する。

②効率性、処理スピードよりもわかりやすさを優先する。

③すべての条件でエラーが出ないマクロは目指さない。

　エラーの出ないプログラミングを習得するには時間がかかるし、IoTを運用するうえでエラーのないプログラムは必ずしも必要ではない。動く条件さえわかっていれば、その範囲で運用すればよいし、エラーが出たとしてもどういう対処をすれば修復できるのかをわかっていれば、対処も含めて運用できる。確かに少々時間は無駄になるだろうが、自動化する前に比べれば無視できるくらいのロスタイムとなるだろう。だとすれば、習熟を待たずに運用するほうが総体としてのロスタイムも小さくなる。

　本章では、以下の作業が可能なレベルまでマクロのスキルを上げることを目

117

指す。

①本書で紹介したマクロの構文を理解できる（ただし、使われているロジックまで理解するには、その後、それなりの修練が必要となる）。

②「マクロの記録」で取得したコードをマクロに組み込み、状況に合わせて改良できる。

　これを実現するために必要なマクロの知識はそう多くない。以下で解説する6つの構文／関数と演算規則や外部ファイルを取り扱う知識、および「マクロの記録」で自動作成されるコードの使い方を学べばよく、それによりマクロでちょっとした作業を自動化できるようになるだろう。また、それらを使って実務で便利そうなマクロを実際に自分でつくってみよう。プログラミングは習うより慣れろ、ある程度慣れてから習ったほうが効率はよいのだ。

　本章では以下の順序で解説する。

・マクロを使う準備（クイックアクセスツールバーに「ボタン」と「コードの表示」をセット）（5.1節）

・「マクロの記録」の使い方とマクロの実行（5.2節）

・VBE（Visual Basic Editor）の使い方（5.3節）

・Basicの基本構文とDebug.Print、Cells (i,j)、For Next、配列、If分岐（5.4節）

・「マクロの記録」の編集とヘルプ、ネット検索などを用いたデバッグ（5.5節）

・演算子（+, -, *, /, \, Mod, ^, &, Not, And, Or）、文字列操作（5.6節）

・外部ファイルの操作（5.7節）

　また、本章ではマクロとほぼ同じ意味で「VBA（Visual Basic Applications：プログラム言語）」「プログラム」「コード」などの言葉を使っている。これらの言葉は若干ニュアンスが異なるものの、本章ではそれほど厳密に使い分けているわけではないので、マクロを指していると理解してほしい（別の言語が絡むとニュアンスに意味が生じてくるが、エクセルのVBAだけを取り扱っている場合はほぼ同じと考えて差し支えない）。

5.1 マクロを使う準備

　マクロを実行する方法にはいくつかあるが、本章では視覚的にわかりやすい「マクロボタンを押せば起動する」方法に絞る。また、習得のためにマクロを

頻繁に使うので、ボタン作成やプログラムの編集画面（VBE）を簡単に呼び出せるようにしたい。そこで、以下の要領でクイックアクセスツールバーに「ボタン」と「コードの表示」をセットする。それぞれの操作は図5-1を参照しながら実施してほしい。

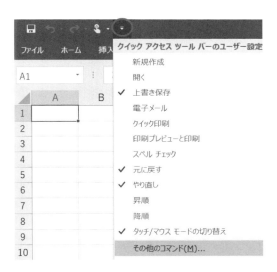

図5-1　クイックアクセスツールバーからメニューを開いて「その他のコマンド」を選択

①クイックアクセスツールバーの右端にある「▼」（図5-1の○の部分）をクリックしてメニューを開く。
②「その他のコマンド」を選択してクリックする。
③表示された「コマンドの選択」のウインドウから「すべてのコマンド」を選択してクリックする（図5-2）。

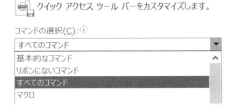

図5-2　「すべてのコマンド」を選択

④コマンド一覧の右側にあるスライダーをマウスで上下に移動させ、一覧の中から「ボタン（フォームコントロール）」と書かれたコマンドを選択（クリック）し、続けて「追加」ボタンをクリックする（図5-3）。

図5-3 「ボタン（フォームコントロール）」を選択

⑤④と同様に「コマンドの選択」ウインドウから「開発」タブを選択する。
⑥次いで「コードの表示」を選択（クリック）して「追加」ボタンをクリックする（図5-4）。

図5-4 「コードの表示」を選択（クリック）して「追加」ボタンをクリック

⑦最後に右下の「OK」ボタンをクリックし、クイックアクセスツールバーに「ボタン」のアイコンと「コードの表示」のアイコンが表示されていることを確認する（図5-5）。

図5-5 「ボタン」と「コードの表示」のアイコンが表示

5.2 「マクロの記録」の使い方とマクロの実行

「マクロの記録」とは、エクセルが作業を自動的にVBAに翻訳し、それをマクロとして保存する機能である。すなわち、「マクロの記録」を始めてから「記録の終了」を実行するまでの作業内容が、マクロとして保存される。この機能があれば、ちょっとした定型作業は簡単にマクロ化できる。

それでは、実際にマクロをつくってみよう。まずは簡単な例だ。

①5.1節で作成したクイックアクセスツールバーの「ボタン」アイコンをクリックしたあと、エクセルシートの任意の点をクリックすると「マクロの登録」ウインドウが開く（図5-6）。

図5-6 「マクロの登録」ウインドウ

②「記録」ボタンをクリックすると「マクロの記録」ウインドウがポップアップする（図5-7）。

図5-7 「マクロの記録」ウインドウ

③図5-7の「OK」ボタンをクリックすればマクロの記録が始まり、クリックした個所に「ボタン」が表示される（**図5-8**）。

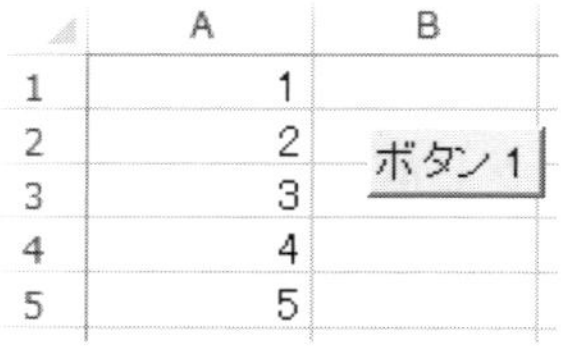

図5-8　ボタンが表示

④図5-8に示されるように「A1〜A5」に「1〜5」を入力する。
⑤**図5-9**のようにエクセルの左下に表示される「準備完了」の横の小さなボタン（記録終了ボタン）をクリックするとマクロの記録が終了する。

記録終了のボタン

図5-9　「準備完了」横の小さなボタンをクリックしてマクロの記録は終了

以上の操作で「A1〜A5に1〜5を入力する」というマクロが完成した。「ボタン」に登録したマクロは「ボタン」をクリックすることで実行できるので、まずA1〜A5の数字をすべて消去し、つぎに「ボタン」をクリックして数字が現れることを確認してほしい。なお、「ボタン」に表示されている文字や文字のフォント、ボタンの大きさ、配置は、「ボタン」を右クリックすることで変更できる。

ここで作成したブックをマクロごと保存するには、「エクセルマクロ有効ブック」（拡張子は「.xlsm」）で保存する必要がある。保存する時にメッセージが表示されるのでそれに従って保存する。

5.3 VBE（Visual Basic Editor）の使い方

新たなブックを開いて、クイックアクセスツールバーの「ボタン」アイコンをクリックする。「マクロの登録」ウインドウが開いたら、「新規作成」ボタンをクリックしてほしい。すると図5-10のようなVBEの画面が開くはずだ。この画面の中でよく使うのは、「コードウインドウ」「プロジェクトウインドウ」「イミディエイトウインドウ」の3つのウインドウと「実行ボタン」、「リセットボタン」である。

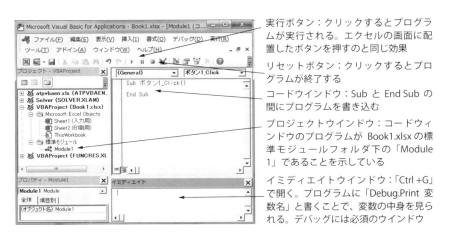

図5-10　VBEの画面

以下、それぞれの機能と使い方について解説する。

(1) コードウインドウ

「Sub」と「End Sub」の間にプログラムを書く。プログラムを実行する時は「実行ボタン」をクリックするか、エクセルシートの「マクロボタン」をクリックする。

(2) プロジェクトウインドウ

開いているすべてのブックの中で、どのプログラムをコードウインドウに表示するかを指定するためのウインドウである。図5-10では、コードウインドウのプログラムが「Book1.xlsx」の標準モジュールフォルダの下にある「Module1」であることを示している。

(3) イミディエイトウインドウ

変数に入っている値を見るためのウインドウ。プログラム中に書かれた「Debug.Print」の出力先であり、この値を見ながらデバッグ（コンピュータプログラムの欠陥を発見・修正すること）を行う。最初は開いていないので「Ctrl + G」を押すか、「表示」メニューから表示させる必要がある。

(4) 実行ボタン

プログラムを実行させるためのボタン。ただし、カーソル（▌のマーク）が、「Sub」と「End Sub」との間にない場合（「End Sub」の下やイミディエイトウインドウにカーソルがある場合など）には実行されない。

(5) リセットボタン

プログラムをリセットするためのボタン。バグやそのほかのエラーでプログラムが中断されると、「リセット」ボタンをクリックするまで再実行できない。

マクロ付きブックを開き、5.1節で作成した「コードの表示」ボタンをクリックするとVBEが開く。しかし、最初は標準モジュールフォルダが閉じており、コードが見えていない。多くのマクロ付きブックの場合は、標準モジュールフォルダの中にマクロのモジュールがあるので、まずは標準モジュールフォルダを開いてみよう（小さい四角に「＋」マークがあるところをクリックす

第 5 章　エクセルマクロを使って IoT をカスタマイズしてみる

る）。そうするとモジュールが見えるので（図5-10では「Module1」）、それを
ダブルクリックしてコードを表示する。まれに「Sheet1」などにコードが書か
れていることもあるが、必ずこのウインドウからたどり着ける。

5.4 Basic の基本構文と Debug.Print、Cells（i , j）、For Next、配列、If分岐

IoTでよく使う基本的なマクロ構文を以下に解説する。

（1）基本構文と Debug.Print

Basicの基本構文がつぎの文である。

```
a = 1
```

この文の「a」とは何かというと、数字や文字などを格納するための「a」と
いう名のメモリであり、変数と呼ばれている。「a」は単なる名前なので特にa
である必要はなく、「a」「ave」「ra12」「memori」など最初が数字と記号以外
であれば何でもよい。そのため慣れた人はわかりやすい変数名を選ぶことが多
い。例えば製品名だったら、「Product_Name」という変数名にしておけば、
あとからひと目でわかる。

本書では、キーボードに慣れていない読者も想定して短い変数名にしている
が、慣れてきたら長めのわかりやすい変数名に変更することをお勧めする。ま
た、VBAで予約している単語（「For」「Is」「Format」など）は使えない（使
えない文字列を入れると改行時にエラー表示が出る）。中学校で習う文字式の
文字のようなものだと思えばよい。

つぎに「＝」であるが、「a = 1」は「aが1と等しい」という意味ではなく、
「aという変数に1を代入せよ」という命令である。すなわち「＝の右辺にある
値を左辺に代入せよ」という操作を示している。

それでは、以下のプログラムの①、③、④の個所でbの値はどうなるだろう
か。

```
b = 0     …………①
a = 1     …………②
b = a     …………③
b = b + 1  ……④
```

125

答がわかる読者も多いと思うが、こういう時にbの値を確かめる書式がある。「Debug.Print b」もしくは「Debug.Print "b = ", b」「Debug.Print "b = "; b」である〔VBE上では「debug. p」のあとにスペース（キーボードのスペースキーを押す）を入れれば、自動的に「debug.Print」と変換される〕。

　実際にやってみよう。5.3節の「新規作成」ボタンで開いたVBEのコードウインドウの「Sub」と「End Sub」の間に以下のコードを書いて、実行ボタンをクリックしてみよう。なお、コードを書き入れる際、見にくい時は空白の行（1行空け）を入れても問題ない。

```
b = 0
Debug.Print b
a = 1
b = a
Debug.Print "b=", b
b = b + 1
Debug.Print "b="; b
```

図5-11のようにイミディエイトウインドウに結果が表示されただろうか。

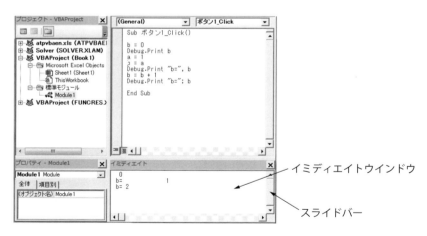

図5-11　イミディエイトウインドウ

　イミディエイトウインドウには上から出力順に表示されるので、最初の行（0）が「Debug.Print b」による「b」の出力結果、同様に2、3行目がそれぞれ、

```
Debug.Print "b=", b、
Debug.Print "b="; b
```

による出力結果である。なお、出力の数が多い場合は出力結果が上に隠れるので、マウスホイール（マウスの中央にある、前後に回転する円盤状の装置）かスライドバーでスクロールする。

　コードと出力結果を見比べると、まず前述のプログラムの①ではbが「0」、②では「1」、③では「2」にそれぞれ変わっていることがわかる。順を追って考えてみよう。

　①の文で「0」が「b」に代入された。つぎに②の文で「1」が「a」に代入された。③の文では「a」の値（1）が「b」に代入されたため、「b」の値は「1」となった。④では、まず式の右辺（b + 1 = 1 + 1 = 2）を計算し、それを「b」に代入したため、「b」が「2」となったのである。

　ほかにもわかることがある。それは「"b = "」のようにダブルクォーテーション（"）で囲まれた文字列がそのまま出力されていることだ。さらに、データとデータの間隔が「,」だと広く、「;」だと密着して表示されることもわかる。使い方の見当がついた読者は、「a = 1」「b = 2」をイミディエイトウインドウに表示させるには、コードのどこにどういう「Debug.Print」を入れたらよいか考えてほしい。わからない場合は適当に「"　"」の中身と変数を組み合わせ、コードを入れる個所を変えながら試してみよう。

(2) Cells(i , j)

　「Cells(i,j)」は、エクセルシートのセルが変数になったと考えるとわかりやすい。使い方はつぎのようになる。

```
Cells(1,1) = 1  ……………………①
a = Cells(2,1)  ……………………②
Debug.Print Cells(2,3)  ………③
```

　「Cells(i,j)」の「i」は行番号、「j」は列番号である。すなわち、①は「Cells(1,1)」（A1セルに1を代入せよ）を実行する命令になり、②は「a」という変数に対して「Cells(2,1)」（A2セルの値を代入せよ）を実行する命令になる。③は、「Cells(2,3)」（C2セルの値をイミディエイトウインドウに表示せよ）の実行命令になる。

　では実際に試してみよう。**図5-12**のように4行のコードをコードウインド

127

ウに入力して実行してほしい。
```
Cells(1,1) = 1
Cells(2,1) = "a"
b = Cells(2,1)
Debug.Print b
```
実行するにはエクセルシートの「ボタン」もしくはVBEの「実行ボタン」をクリックする。

図5-12　Cells(i, j)の実行例

実行すると、A1セルに「1」が代入〔Cells(1,1)〕され、A2セルに「a」が代入〔Cells(2,1)〕されていること、および「b」にCells(2,1)の中身が代入されていることがわかるだろう。

(3) For Nextループ

For Nextループ（同じことを何度も繰り返すこと）の基本形は以下となる。
```
For i = 1 To 5
    ？？？
Next i
```
このループは、「iの値を1から5まで変えながら、？？？を5回繰り返す」ということになる。

第5章　エクセルマクロを使ってIoTをカスタマイズしてみる

```
For i = 1 To 5
  Debug.Print i
Next i
```

上述のループは、「iを1から5まで変えながら、Debug.Printを5回繰り返す」ということになる。すなわち、以下と同じ意味になる。

```
Debug.Print 1
Debug.Print 2
Debug.Print 3
Debug.Print 4
Debug.Print 5
```

実際にコードを書き込み、同じ結果が示されるのを確認してみよう。

つぎに、「For Nextループ」と「Cells」を組み合わせてみる。

```
For i = 1 To 5
  Cells(i,1) = i
Next i
```

このコードを実行すると、A1～A5のセルに「1、2、3、4、5」と記入される。

なぜなら、iを1から5まで変えながら、「Cells(i,1) = i」を5回繰り返すと以下と同じ意味になるからだ。

```
Cells(1,1) = 1
Cells(2,1) = 2
Cells(3,1) = 3
Cells(4,1) = 4
Cells(5,1) = 5
```

この「For」と「Next」に囲まれた式〔Cells(i, 1) = i〕を変化させることで、「For Nextループ」と「Cells」の関係をより深く理解できる。実際に「Cells(i, 1) = i」を以下の例に書き換えて実行し、その効果を確認してみよう。

①`Cells(1,i) = i`　　（行と列を入れ替える）

②`Cells(i,i) = i`　　（行と列を同じにする）

　ここで全セルをクリアする〔「全セル選択」ボタン（**図5-13**参照）をクリックして「Delete」キーを押す〕

③`Cells(i + 3,3) = i`　　　（行に定数を足す）

④`Cells(2*i,4) = i`　（行のiを定数倍する）

129

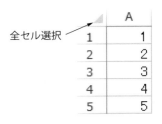

図5-13　全セルクリア

⑤ `Cells(2*i + 1,5) = i`　　　（行のiを定数倍して定数を足す）
⑥ `Cells(2*i + 1,6) = i * i`　（右辺のiを自乗する）
　特に③のように定数（i）を使って、書き込む個所を変更する方法は実務で頻繁に出てくるのでぜひマスターしてほしい。

(4) 配列

　配列とは、「sq(5),mt(2,2)」のように、変数名の後ろに「( )」がつき、そこに数字が入っている変数のことだ。ただし配列を使う時は、最初に配列をつくるための宣言が必要になる。宣言するための書式は以下の通りだ。

```
Dim sq(5), mt(2,2)
```

　配列をつくるのは、大量のデータを格納するメモリを確保するためだ。具体的には上のDim宣言について、「sq(?)」として「sq(0)　sq(1)　sq(2)　sq(3)　sq(4)　sq(5)」の6つ、「mt(?,?)」として「mt(0,0)　mt(0,1)　mt(0,2)　mt(1,0)　mt(1,1)　mt(1,2)　mt(2,0)　mt(2,1)　mt(2,2)」の9つのメモリを確保したことになる。

　( )の中の数字を「次元」と呼ぶので、「sq( )」は「1次元配列」、「mt( )」は「2次元配列」となる。

　つぎに配列の使い方を解説する。まず、エクセルシートのA1～A5のそれぞれに「a」「b」「c」「d」「e」を入力し（図5-14）、つぎに以下のコードを書き込んでほしい。

```
Dim sq(5)
For i = 1 To 5
  sq(i) = Cells(i,1)
  Debug.Print sq(i)
```

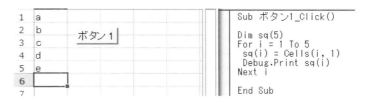

図5-14　1次元配列の例題

```
Next i
```

この「For」と「Next」に囲まれた「sq(i) = Cells(i,1)」という式で、「Cells(1,1)」「Cells(2,1)」「Cells(3,1)」「Cells(4,1)」「Cells(5,1)」のそれぞれにある「a」「b」「c」「d」「e」の文字を「sq(1)」「sq(2)」「sq(3)」「sq(4)」「sq(5)」に代入できる。このように、縦に並んだデータをまとめてVBAの変数に読み込むのにFor Next文と配列は欠かせない。

では、なぜこの文でデータを読み込めるのだろう。

「For i = 1 To 5」は「i」の値を1〜5に変化させながらループする。すなわち、1回目のループでは、「sq(i) = Cells(i,1)」は「sq(1) = Cells(1,1)」という意味になり、2回目のループでは「sq(2) = Cells(2,1)」という意味になる。同様に5回目のループでは「sq(5) = Cells(5,1)」ということになるわけだ。

上述のコードを実行して、イミディエイトウインドウに「sq(i)〜sq(i)」の値として「a」「b」「c」「d」「e」が表示され、シートのデータを配列に読み込めていることを確認してみよう。

読み込めたらそのデータを図5-15のように、1つ飛ばしに貼りつけたり、一段ずらして貼りつけたりするにはどうすればよいかを考えてみよう。

考え方としては、まずb列に書き込む場合は以下のように「Cells(?,2) = ?」にすれば、2列目、すなわちb列に値を代入できる。つぎに下のプログラムの「?」にどんな式を入れれば、1つ飛ばしに貼りつけたり、1段ずらして貼りつけたりできるのかを考えてみよう。

```
For i = 1 To 5
  sq(i) = Cells(i,1)
Next i
For i = 1 To 5
  Cells(?,2) = ?
```

	A	B	C
1	a		
2	b	a	
3	c		a
4	d	b	
5	e		b
6		c	
7			c
8		d	
9			d
10		e	
11			e

図5-15　Foe Next文とCellsの組合わせ


```
    Next i
```

ここで、単に「Cells(i,2) = sq(i)」にするだけだと、「sq(i) = Cells(i,1)」の左辺と右辺を入れ替えただけなので、1列目を2列目にコピーする結果になってしまう。ヒントは、1回目のループで「Cells(2,2)」に記入、2回目のループで「Cells(4,2)」に記入という具合にループごとに数字でどの列に記入するのかを考え、それをiを使って表すとどういう式になるかを考えてみることだ。

つぎは、終わりの行が決まっていないデータの読込み方法だ。実務では、表に書かれたデータを大量に読み込むことが多い。そういう時にFor Nextループを使って配列にデータを読み込むのだが、何行あるのかわからない場合が多い。そこで用いるのが「Cells(65536, 1). End (xlUp). Row」という関数だ。この関数の「65536」はExcel2003以前の最大行数を示し、「1」は列番号（1だとA列、2だとB列）を示している。この関数は、A列の65536行目から上向きに（A1に向かって）検索していき、初めて空白でないセルがあったセルの行番号を返す。**図5-16**の例では、「a = Cells(65536,1). End(xlUp). Row」なら、A7セル以降（A8, A9····）はすべて空白なので「a」は「6」となる。同様に「a = Cells(65536,2). End(xlUp). Row」なら、B列が対象となるので「a」は「10」となる。

実際に図5-16のようなデータシートをつくってみよう。図5-15のシートの

第5章　エクセルマクロを使って IoT をカスタマイズしてみる

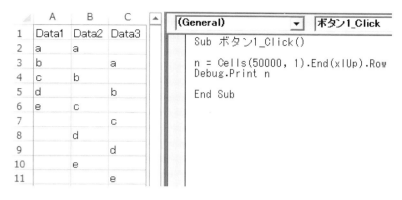

図5-16　End(xlUp) の使い方

1行目にさらに1行を挿入し、「Data 1」「Data 2」「Data 3」を順に書き込んだ表だ。A列の最終データは6行目、B列、C列のそれは10行目、11行目にそれぞれある。そこでつぎの式を実行してみよう。

```
n = Cells(50000,1).End(xlUp).Row
Debug.Print n
```

1行目が、A列の5万行目から上向きに最初にデータがあった行（最終データ行）の行番号を「n」に代入し、2行目で「n」を表示している。A列の最終データ行の行番号は6なので、イミディエイトウィンドウに6が表示されればオーケーだ。それができたら「Cells(50000,1)」の「1」を「2」「3」と変えると「10」「11」が表示されることを確認しよう。

ところで、これまでデータは1行目から始まっていたが、ここでは2行目から始まっている。データを配列に格納する時は、1番目から始まっていたほうが便利なので、2行目から6行目までの5個のデータを先ほどと同じように「sq(1)」～「sq(5)」の配列に読み込みたい。

そういう場合、まずデータの数を計算する。データの数は「n − 1」（nは最終データ行、1はデータが始まる行の1つ上の行番号）。これまではデータが1行目から始まっていたので「n − 0」だったことになる。データの数をndとすると「nd = n − 1」という式になる。同じように、データが5行目から始まっている場合は「nd = n-4」となる。

では、データが10行目から始まっていて、最終行が12行目の場合の「n = ？」「nd = n − ？」の「？」を考えてみよう。想定した「？」で計算してみ

133

て、ちゃんと「nd＝3」（10、11、12行目）という答が得られただろうか。

あとは、つぎのコードを見ながら考えてみよう。図5-15のA列のデータを「sq（ ）」に読み込む例だ。

```
Dim sq(50000)
n = Cells(50000,1).End(xlUp).Row
nd = n - 1
For i = 1 To nd
    sq(i) = Cells(i + 1,1)
    Debug.Print sq(i)
Next i
```

最初の配列の宣言で「sq(50000)」としているのは、想定されるデータの数の最大値を入れているからだ。最大値が「5000」くらいだと思えば、余裕を見て倍の「10000」くらいにしておけばよいだろう。

「nd」を上述のように設定すれば、For Nextのループは、データの数だけ繰り返される。データを全部配列に格納すれば、それ以上の作業は必要ないからだ。問題はどこのデータを読み込むかだ。最初のデータ〔Cells(2,1)〕をデータ配列の最初〔sq(1)〕に読み込むには、Cellsの行番号に1を加える必要がある。ちゃんとそうなっているかどうかを確認するために「i」に「1」を代入してみる（1回目のループ）。

```
sq(1) = Cells(2,1)
Debug.Print sq(1)
```

想定通り「Cells(2,1) のデータをsq(1) に代入する式」になっていることがわかる。もちろん、このコードを実行すれば「a」「b」「c」「d」「e」が表示される。

（5）If 分岐

If文は、条件に応じて処理を変える時に使用する。以下のコードを例に説明しよう。

```
For i = 1 To 5
    If i <= 3 Then
        Debug.Print i
    Else
```

第 5 章　エクセルマクロを使って IoT をカスタマイズしてみる

```
        Debug.Print 3
    End If
Next i
```

If 文の意味は、まず、2 行目の「If i <= 3 Then」の「If」と「Then」の間の条件が正しい（真）時に「If」と「Else」の間の作業を行い、間違っている（偽）時に「Else」と「End If」の間の作業を行うということである。また、「<=」は左辺が右辺以下の時に "真"（この例では「i」が 3 以下）、右辺以上（3より大きい）の時に "偽" となる。なお、条件式には「<=」（以下）のほかに「=」（等しい）、「>」（より大きい）、「>=」（以上）、「<」（より小さい）、「<>」（等しくない）がある。

ちなみに、条件式としての「=」には左辺に右辺を代入するという効果はない。

このコードを実行して、どのような出力が得られるかを考えてみてほしい。その後、実際にマクロを実行させて想像通りの結果になるかどうかを確認してみよう。

なお、If 文にはいくつかのバリエーションがある。まず、「Else」のあとに処理をしない場合は「Else」ごと省略できる。上述のコードの例では以下となる。

```
If i <= 3 Then
    Debug.Print i
End If
```

また、「Else」の中でさらに別の条件で分岐したい場合は「Else If」を使う。

```
For i = 1 To 5
    If i <= 3 Then          ………①
        Debug.Print i
    ElseIf i = 4 Then       ………②
        Debug.Print 0
    Else                    ………③
        Debug.Print 3
    End If
Next i
```

こちらも「Else」のあとに処理をしない場合は「Else」ごと省略できる。

つぎに、この例ではどのような出力が得られるかを「i」を1つずつ増やしながら考えてみよう。

まず「i = 1」の時は、「1<＝3」は真であるから、その直後の命令文（Debug. Print i）が実行され、「i = 1」なので、表示されるのは「1」となる。同様に「i = 2」「i = 3」もそれぞれ「2」「3」となる

「i = 4」の時は、②の直後の命令文が実行されるので「0」が表示される。

「i = 5」の時は、「i」は3以下でも4でもないので、③以下の命令文が実行され、「3」が表示される。

結局、「1」「2」「3」「0」「3」が表示されることになる。

つぎに、Ifとともによく使われるカウンタの使い方を紹介する。つぎのコードを見てほしい。

```
n = 0
For i = 1 To 100
    If i <= 50 Then
        n = n + 1
    End If
Next i
Debug.Print n
```

この「n = 0」とループの中に置かれた「n = n + 1」の組合わせが、「カウンタ」と呼ばれる変数の使い方になる。カウンタは、ループの外で最初に変数を0に設定しておき（n = 0など）、ループの中に置かれた、変数に1を足す命令（n = n + 1など）と組み合わせ、この命令が何回実行されたかを調べる仕組みである。If文と組み合わせれば、ループの中で、Ifを満たした回数をカウントできる。この例では、1～50は「i <= 50」を満たす領域、すなわち「n = n + 1」が含まれる領域を通るが、51～100は通らない。その結果、For nextループが終了した時に、通った回数である「50」の値を持つ。Debug.Printにより50が表示されることを確認してほしい。

以上が基本的な構文である。つぎにこれらの構文をどのように使うかを以降の課題を参考に考えてみよう。

エクセルのシートに図5-17のような寸法誤差のデータを準備しよう。この誤差が、基準値以下（図5-17では50μm以下）なら「良」、それより大きけれ

第 5 章　エクセルマクロを使って IoT をカスタマイズしてみる

	A	B	C
1			
2			
3		基準um	50
4		データ数	1
5		不良数	0
6		不良率	0.0%
7		δ（um）	結果
8		15	
9		48	
10		53	
11		23	
12		77	
13		8	
14		15	
15		63	
16		16	
17		39	
18		1	
19		43	

図5-17　寸法誤差のデータ

ば「不良」として判定欄に記入する。それと同時に不良数を数え、最後に全体の不良数を記入するプログラムを作成する。なお、不良率として「不良数／データ数」（C5/C4）があらかじめセルに記入されている。

　この課題の計算の流れを図示（フローチャート）したのが**図5-18**である。

　図5-18の長方形内の記述は「作業」、ひし形内の記述は「If文」を意味している。ただし、破線で囲まれた枠内は、For Next構文の「For」の部分に相当するため、作成時は無視してよい。

　すべてのプログラムは、このようなフローチャートで表せる。すなわち、フローチャートを見てプログラムを組めるようになれば、自分でプログラムをつくれるようになったということだ。慣れてくればフローチャートなしでもプログラミングできるようになるが、最初は作業の流れを手書きで整理してみよう。プログラムを効率よくつくれるようになるのを実感できると思う。

　さて、このフローチャートにおける「初期設定」の具体的な作業は配列の宣言、「条件読込」は不良基準の読込み、「データ読込」は不良率データの読込み、「N」はデータの数、「H」はシートから読み込んだ基準値である。

　このフローチャートをもとに、ここまで解説してきた基本構文を組み合わ

137

図5-18　フローチャート

	A	B	C	D	E	F	G
1		判定					
2							
3		基準um	50			基準um	50
4		データ数	12			データ数	1
5		不良数	3			不良数	0
6		不良率	25.0%			不良率	0.0%
7		δ（um）	結果			δ（um）	結果
8		15	良			15	
9		48	良			48	
10		53	不良			53	
11		23	良			23	
12		77	不良			77	
13		8	良			8	
14		15	良			15	
15		63	不良			63	
16		16	良			16	
17		39	良			39	
18		1	良			1	
19		43	良			43	
20							

図5-19　基本構文を使ったマクロの例題

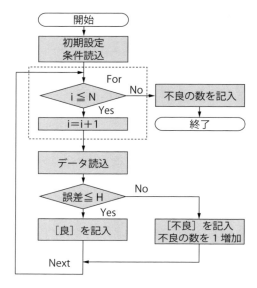

第5章　エクセルマクロを使ってIoTをカスタマイズしてみる

せ、**図5-19**の左側のようなシートが得られるようなマクロを作成してみよう。

できあがったら、「基準μm」の値を変えて不良率が想定通りに変わるかを試してみよう（30にすると「不良率50％」になるはず）。

なお、図5-19の右側は、マクロを実行させていろいろ試す際、記入する個所を間違ったままデータを上書きしてしまう（消してしまう）場合に備えたものだ。実行していたマクロの復帰を簡単にするためにデータをコピーしている。マクロの操作では「元に戻す」ことができないため、何らかの方法でバックアップを取っておかなければ復帰させるのに手間がかかる。

このマクロをつくるためには、これまで解説してきたすべての構文が必要になる。この課題を自力で解けるようになれば、IoTで使う基本的なマクロ構文の80％はマスターしたといってよい。

一方、初めてマクロに取り組んだ読者であれば、答を見ずにこのマクロを作成できる人はほとんどいないだろう。足し算、引き算、かけ算を学んだだけでは、つるかめ算（特殊算）が解けるとは限らない。ループと条件分岐を使って自分の思う通りの処理の流れをつくるためには、それなりの練習が必要になる。まずは付録2に掲載のサンプルプログラムを見て、それを真似してマクロを作成してみよう。動作を確認したら、今度は何も見ないでこの課題のマクロを作成してみてほしい。最初は作成できないと思うが、何度かやれば必ず作成できるようになる。できるようになったら、少し違う例を考えてマクロを作成してみる。それを繰り返せば、マクロの実力は飛躍的に向上するだろう。

5.5 「マクロの記録」の編集とヘルプ、ネット検索などを用いたデバッグ

「マクロの記録」の編集の例として、既存のエクセルブック（ブックA）から別のブック（ブックB）にデータを自動的にコピーして保存するマクロを考える。また、このマクロにいろいろな機能を付け加えてみる。これは実務で使う帳票類の定型作業を簡素化するために便利なスキルだ。

まず、ベースとなるマクロを「マクロの記録」を使ってつくる。準備として以下の作業を行ってほしい。

「元データ.xlsx」と「出力先1.xlsx」の2つのファイルをデスクトップに作成し、「元データ.xlsx」ファイルのA1〜A5に「あ」「い」「う」「え」「お」を

139

それぞれ入力し（**図5-20**）、「出力先1.xlsx」ファイルには何も入力せず空のままにしておく。

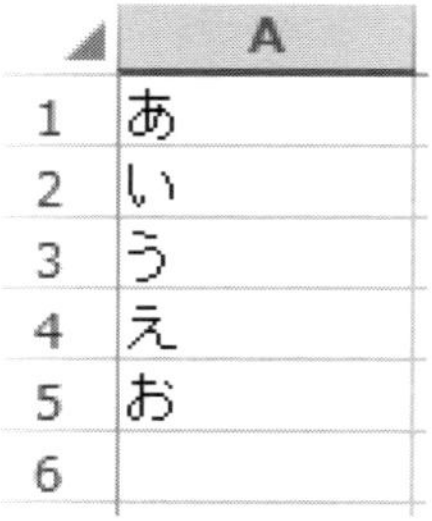

	A
1	あ
2	い
3	う
4	え
5	お
6	

図5-20　A1〜A5の列に「あいうえお」を入力

つぎに、新たに「転記.xlsm」ブックをつくって以下の操作を行う。

① 「元データ」と「出力先」のブックを閉じ、「転記」ブックを開く。

② マクロボタンを作成し、「記録」ボタンをクリックして「マクロの記録」を開始する。

③ 「元データ」ブックを開く。

④ 「元データ」の「A1〜A5（あいうえお）」を選択してコピーする。

⑤ 「出力先1」のブックを開く。

⑥ 「出力先1」のA1を選択して貼りつける

⑦ 「出力先1」のブックを保存する。

⑧ 「元データ」と「出力先1」のファイルを閉じる。

⑨ 「マクロの記録」を終了する。

以上を行った後、VBEを起動（「コードの表示」アイコンをクリック）させ、「転記」ブックのマクロを見てみる。つぎのようなコードになると思う。

```
Workbooks.Open Filename:="C:¥Users¥Taka¥Desktop¥
    元データ.xlsx"  ……①
Range("A1:A5").Select    A1:A5を選ぶ
Selection.Copy    A1:A5の範囲をコピー
Workbooks.Open Filename:="C:¥Users¥Taka¥Desktop¥出 力 先
    1.xlsx"    ……②
Range("A1").Select    A1を選ぶ
```

第5章　エクセルマクロを使って IoT をカスタマイズしてみる

```
ActiveSheet.Paste        ペースト
Application.CutCopyMode = False  コピーモードの解除。不要な
    ので消してもよい
ActiveWorkbook.Save  開いているブック（出力先1）を保存
ActiveWindow.Close    開いているブック（出力先1）を閉じる
ActiveWindow.Close    開いているブック（元データ）を閉じる
```

このマクロに、シートで書き込むファイル名を指定できる機能を追加する。例えばシートに「出力先2」と書いておけば、「出力先1」ではなく「出力先2」にコピーしてくれる機能だ（**図5-21**）。

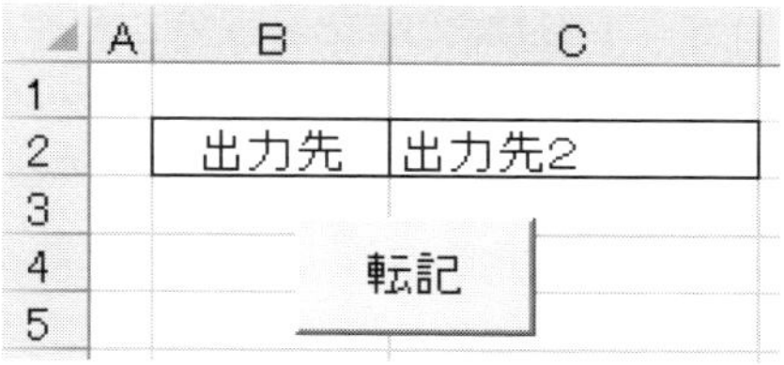

図5-21　ファイルの転記

その場合、まず出力先のファイル名を示す文字列をつくる必要がある。文字列と文字列をつなぐ記号は「&」なので、「"C:¥Users¥Taka¥Desktop¥出力先1.xlsx"」を3つの部分に分けて考える。すなわち、「"C:¥Users¥Taka¥Desktop¥"」＆「"出力先1"」＆「".xlsx"」と考えるわけだ。さらにこれをCellsで置き換え、文字列を完成させて所望の位置に代入する。

```
c = "C:¥Users¥taka¥Desktop¥" & Cells(2,3) & ".xlsx"
Debug.Print c
Stop
Workbooks.Open Filename:="C:¥Users¥taka¥Desktop¥元 デ ー
    タ .xlsx"
Range("A1:A5").Select
Selection.Copy
Workbooks.Open Filename:=c
―後略―
```

このコードの3行目の「Stop」が、デバッグ（マクロのエラーを修正する作

業）のためのコマンドだ。Stopの命令文が実行されると、プログラムは一度動作を止める。そのままつぎの行に進みたい場合は「実行ボタン」（▶）、終了させたい場合は「リセットボタン」（■）をクリックする。通常はこの例のようにStopの直前にDebug.Printを書き、変数が想定した値になっているかどうかを確認するために使う。For Nextループの途中に入れれば、1ループごとにどのように変数が変化するかをモニタするのにも使える。実際に上の3行を追加して、「c」に所望の文字列が入っているか、実行ボタン、リセットボタンをクリックしてどういう動きをするかを確かめてほしい。

　これらのデバッグのための行（命令文）は、マクロが動くようになったら消すことが多い。しかし、将来のメンテナンスに備え、コメントアウト（行の最初に「'」を追加してコメント行にすること）することもある。以下は、この2行をコメントアウトした例である（VBEではコメントアウトすると文字の色が緑色に変わり、以下では「Debug.Print c」「Stop」が緑色に変わる）。

```
    c = "C:¥Users¥taka¥Desktop¥" & Cells(2,3) & ".xlsx"
'    Debug.Print c
'    Stop
    Workbooks.Open Filename:="C:¥Users¥taka¥Desktop¥元 デー
    タ.xlsx"
```

　このマクロにさらに以下の機能を追加してみる。転記した記録を、マクロが記録されている「転記」ブックの別シートに転記した日付と時間とともに保存する機能だ。方針としては、VBAのNow関数を使って日付と時間を取得するとともに、C2セルに記入された出力先を読み取って、別シートに表形式で保存する。さらに、表の最初に通し番号をつけて見やすくする。

　この機能を追加する準備として、まず「転記」ブックに新しいシートを追加して以下の設定を行う。

　図5-22のようにA1、B1、C1にタイトルを入力したあと、C列を選択して右クリックし、表示されたメニューから「セルの書式設定」を選択してクリックする。つぎに書式設定のメニューで「日付」をクリックし、年月日と時間を表示する書式を選択して「OK」ボタンをクリックする。これは、Now関数で取得されるのがシリアル値のため、書式を設定しないと日時表示にならないためだ（詳しくは「エクセル　シリアル値」で検索）。

　さて、これでほぼ準備は整った。「No.」の項（A列）には、転記した記録を

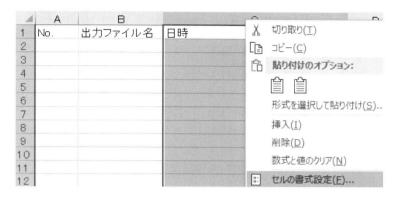

図5-22　列全体に書式を設定

書き込む行の行番号の1つ前、すなわち「Cells(50000, 1). End(xlUp). Row」の値を入力すればよいし、「出力ファイル名」の項（B列）には出力先を記入したセル（C2セル）から読み取ったファイル名を入力すればよい。あとはマクロを使って、出力先のファイル名を記入したシートから、先ほど作成した転記の記録を保存するシートに移動し、転記の記録を書き込んでから、最初のシート（出力先のファイル名を書き込んだシート）に戻ってくればよい。

つぎに別のシートに移動してデータを記録した後、元のシートに戻ってくる操作のコードを「マクロの記録」を使って取得する。

まず、最初のシートに戻ってマクロボタンを作成し、マクロの記録を開始して「新しくつくったシートに移動し、A2セルに1を入力して元のシートに戻る」の操作を行う。つぎに「マクロの記録」を終了してVBEを開くと、「Module1」の後半もしくは「Module2」に以下のコードが書き込まれていることが見つかるはずだ（図5-23）。

```
Sheets("Sheet2").Select
Range("A2").Select
ActiveCell.FormulaR1C1 = "1"
Sheets("Sheet1").Select
```

操作とマクロを見比べれば、シートの移動がどのコードに相当するかは一目瞭然だろう。あとは、「Sheets("Sheet2").Select」「Sheets("Sheet1").Select」を適当なところにコピペすればよい。以下が上述の機能を実現するためのコードになる。

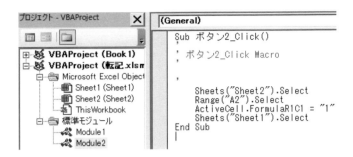

図5-23 「マクロの記録」で記録されたコード

```
a = Cells(2,3)                '出力先
b = Now                       '現在時刻
Sheets("Sheet2").Select       'Sheet2 に移る
n = Cells(50000,1).End(xlUp).Row   '最下行番号
Cells(n + 1,1) = n            '最下行のつぎの行のA列に通し番号
を記入
Cells(n + 1,2) = a            '同様にB列に出力先を記入
Cells(n + 1,3) = b            '同様にC列に現在時刻を記入
Sheets("Sheet1").Select       'Sheet1 に戻る
GoTo pend                     '保存機能のスルー
    ・
    ・
    ・
pend:                         '検証用ジャンプの飛び先
End Sub
```

行の途中に「'」を入れると、そのあとの文字列はすべてコメントとみなされるため、コードの説明を記入できる。他の人に見せるわけではないからコメントは不要と思うかもしれない。しかし、プログラムには説明文を記載しておくことを強くお勧めする。これらのコメントは他人向けではなく、1カ月後の自分に向けたものなのだ。

もう1つ、GoToの命令文がある。このコマンドは、指定した任意のフラグ（文字列の後ろに「:」がついたもの）にジャンプさせるコマンドである。

このコードの後半は実行に時間がかかるので、そこを飛び越えることで書込みの個所だけデバッグ作業を高速化できる。

デバッグが終わったら、シートを移動するコードを取得するために作成した不要なModuleやマクロボタンを削除する。ともに右クリックメニューから削除（Moduleは「解放」）できる。

デバッグの作業でもう1つ欠かせないのがヘルプである。VBEのヘルプは、検索したいフレーズにカーソルを置き（フレーズ上でクリック）、「F1」キーを押すことで開ける（ただし、オンラインヘルプなのでオフライン環境では開かない）。初心者には厳しく不親切なヘルプなため、解説を読んでも理解できる気にならないが、使用例をコピペしながら動作を確認することで何となく使い方がわかってくる。また、関連項目を調べれば使い方のバリエーションも増やせる。

最近のVBAのオンラインヘルプは、複雑になりすぎて全体像を把握するのが難しい。マイクロソフトオフィスには昔のヘルプファイルが同梱されているので、そちらを参照したほうがわかりやすい。使用方法は166ページの付録4を参照してほしい。

ところで、前述のマクロは、出力先を指定したセルに入力したファイル名がデスクトップにないとエラーになる。このエラーが出ないようにするマクロを

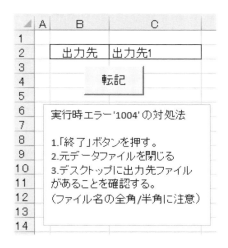

図5-24　エラーの対処法を貼りつける

つくることもできる。しかし、**図5-24**のように、エラーが出た時の対処法を貼りつけておくだけでもよい。

この例の場合、マクロを使う人が気をつけていればエラーは発生しないし、発生しても被害が少ない。この対処法を挙げるのは、バグを放置することを推奨しているのではなく、生産性を上げることが目的である以上、マクロに必要以上の時間をかけるのは本末転倒だからだ。マクロは複雑で奥深いため、必要以上に取り組むと思いがけない時間を費やしてしまう。

ただし、マクロのスキルを上げたい場合は、取りあえず対処法を貼りつけたコードを作成し、他の人に迷惑がかからない状況を整えてから改良に取り組むとよいだろう。

5.6 演算子（+, -, *, /, ¥, Mod, ^, &, Not, And, Or）と文字列操作

以下に演算子と文字列操作について解説する。

（1）演算子

演算子とは、変数と変数の間の演算の方法を決める記号である。よく使われるのが四則演算（＋－×÷）を表す「＋－＊/」であろうか。そのほかの演算子として「¥」「Mod」「＾」「&」がある。¥とModはそれぞれ割り算の商と余りを表す。

「20÷3＝6・・・2」と書いた時、「20¥3」が「6」であり、「20 Mod 3」が「2」となる。つまり、「20÷3＝20¥3・・・20 Mod 3＝6・・・2」ということだ。

¥とModは、縦横の表を取り扱う時によく出てくる。例えば、**図5-25**のように、5行4列の表の横に数字を並べ、並べきったらつぎの行に移る場合を考えてみよう。計算を簡単にするため、ここでは数字を1からではなく0から始めている。この時、数字を「列の数」で割って「商に1を加えたもの」が「行」、「余りに1を加えたもの」が「列」を表す。実際に数字を入れて試してみよう。

8が入る個所は、「8÷4＝2・・・0」なので、行数は「2＋1」で3、列数は「0＋1」で1になる。同様に11が入る個所は「11÷4＝2・・・3」なので3行4列という具合だ。

第5章　エクセルマクロを使って IoT をカスタマイズしてみる

	1列目	2列目	3列目	4列目
1行目	0	1	2	3
2行目	4	5	6	7
3行目	8	9	10	11
4行目	12	13	14	15
5行目	16	17	18	19

図5-25　¥とModの使い方

　このように¥とModを使えば、順番に並んだデータが表のどこに入るのか
を計算できる。
　「＾」は階乗を表す記号である。例えば「3 ＾ 2」と書いたら3の2乗なので
9、「2 ＾ 4」なら2の4乗なので16という具合だ。ただし、この記号はあまり使
わないと思う。
　「＆」は文字を結合する記号である。「"Hel" & "lo!"」は「"Hello!"」という具
合である。
　また、論理演算子「Not」「And」「Or」は、If文で条件を組み合わせる時に
使う。Notは「真なら偽、偽なら真にする」演算子であり、Andは「かつ」、
Orは「または」を表す。
　例えば、「Not a = b」なら「aがbと等しくない時に真（正しい）」となる。
また、「a = b And c = d」なら「a = bとc = dがともに成り立つ時に真」、「a
= b Or c = d」なら「a = bもしくはc = dが成り立つ時に真」となる。

(2) 文字列操作
　外部ファイルからデータを読み込む際には、テキストデータを取り扱うこと
が多い。テキストデータは文字列なので、文字列の操作方法を知っておいて損
はない。
　VBAでは「"」で囲まれた文字を文字列として扱う。これまでにも出てきた
と思うが、例えば「a」という変数にHello!という文字列を代入する場合「a =
"Hello!"」となる。

147

では、「"A"_and_"B"」という文字列を「a」に代入したい場合にはどうするのか。実は「"」を文字列として記述する時は2つ重ねるというルールがある。そのため、この場合には「a = """A"""_and_"""B"""」とすることで、上述の文字列を「a」に代入できる。

　もう1つよく使う文字列操作がファイル名である。IoTではファイル名を自動作成することが多いが、その時によく使うのが日付をファイル名にする使い方である。例えば、A工程で「2019/1/1」に作成したファイルなら「A190101.csv」といった具合だ（ここでは拡張子に「.csv」を選択しているが「.txt」や「.dat」などでも構わない）。

　こういう時に使うのがFormatである。以下のコードを見てほしい。このコードは、**図5-26**に示すシートから「工程名」「開始日」「終了日」を読み取り、その間の日付に相当するファイル名を自動作成して7行目以降に表示する、すなわち、前述のようなファイル名を1/1から1/10まで自動作成し、7行目以降に表示する。

```
tt = Cells(2,3)          '工程名の読込み
st = Cells(3,3)          '開始日の読込み
en = Cells(4,3)          '終了日の読込み
n = en - st +1           'データ数の計算
For i = 1 To n
    b = Format(st + i - 1, "yymmdd") 'Formatによる日付の
文字列化
    Cells(i + 6,2) = i   '番号の記入
    Cells(i + 6,3) = tt & b & ".csv" 'ファイル名の作成と記入
Next i
```

　3行目までは問題ないと思う。4行目は、日付や時刻の実態がシリアル値[注]であることを知っていれば、終了日から開始日を引いて1を加えればデータ数を求められることがわかるだろう。

　6行目のFormat文は、「" "」内のフォーマットで表現した文字列に数字を変換する関数である。「yy」が西暦（年）の下2桁、「mm」が月の2桁、「dd」が日の2桁を表す（詳細はヘルプを参照）。あとは8行目でその両側に工程名と拡張子をつけ、ファイル名を表す文字列を作成して所定のセルに入力している。Format文の詳細については「VBA　Format　表示形式」で検索してほしい。

148

第5章　エクセルマクロを使って IoT をカスタマイズしてみる

	A	B	C
1		ファイル名作成	
2		工程	A
3		開始日	2019/1/1
4		終了日	2019/1/10
6		番号	ファイル名
7		1	A190101.csv
8		2	A190102.csv
9		3	A190103.csv
10		4	A190104.csv
11		5	A190105.csv
12		6	A190106.csv
13		7	A190107.csv
14		8	A190108.csv
15		9	A190109.csv
16		10	A190110.csv

図5-26　文字列操作の例題

注）シリアル値とは、「1900/1/1」を1として経過日を加算して求める数字。例えば1900/1/2
のシリアル値は2となる。同様に2019/1/1のシリアル値は43466であり、2019/1/10は43475
となる。これはセルの書式設定を日付から標準に戻すことで確認できる。一方、時刻は24時
間を1とする小数で表される。例えば正午の12時が0.5、18時が0.75となる。

5.7 外部ファイルの操作

IoTを使ううえでは外部ファイルの操作が必須となる。ここでは「①csv
ファイルの読込み」「②ファイルのコピー」について解説する。

①csvファイルの読込み

csvファイルとはどのようなものかを見てみるため、まず、ブックを開いて
図5-27のようなデータを作成し、「test1.csv」という名前でデスクトップに保
存してほしい。つぎに作成したtest1.csvの右クリックメニューから「プログ

149

ラムから開く」を選択すると、メモ帳からファイルを開け、**図5-28**のような画面が表示されると思う。

　メモ帳で見られるファイルは「テキストファイル」と呼ばれ、標準的な文字コードで記述されている。csvファイルは、カンマ（,）区切りのテキスト形式のファイルを指し、メモ帳でも閲覧可能である。

　そして、csvファイルはVBAから直接データを読み込める。ただし、読み込むためにはファイルのフォルダ名も含めた名前が必要になる。test1.csvのフォルダ名は、右クリックメニューから「プロパティ」を選択すると現れる「場所」というタブに書かれてある文字列であり、この場合、多くは「C:¥Users¥???¥Desktop」（???は各自のユーザーID）となっているはずである。この文字列の最後に「¥」（半角）をつけ、ファイル名を足したものが「フルパス」と呼ばれる名前となる（この場合は「C¥Users¥???¥Desktop¥test1.csv」となる）。

　では、このファイルをVBAから読み込んでみよう。つぎのコードを見てほしい。

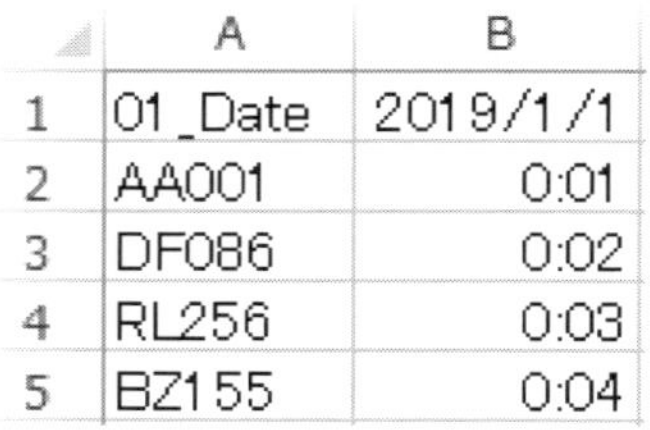

	A	B
1	01_Date	2019/1/1
2	AA001	0:01
3	DF086	0:02
4	RL256	0:03
5	BZ155	0:04

図5-27　CSVファイルサンプル

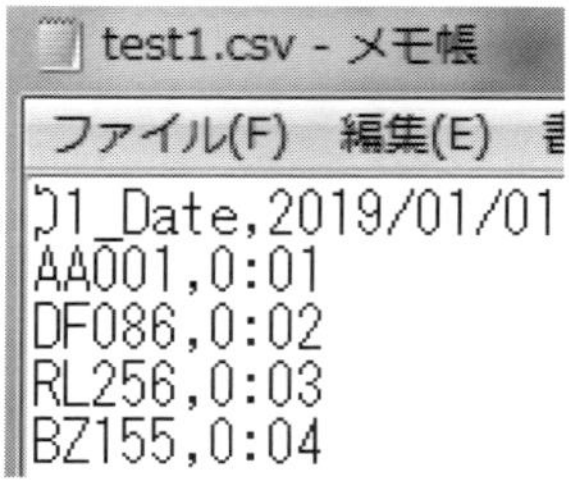

```
test1.csv - メモ帳
ファイル(F)　編集(E)　書
01_Date,2019/01/01
AA001,0:01
DF086,0:02
RL256,0:03
BZ155,0:04
```

図5-28　CSVファイルをメモ帳で読み込む

150

```
Open "C:¥Users¥???¥Desktop¥test1.csv " For Input As #1
'ファイルを開く
  Line Input #1, c      '1行を文字データとしてCに代入
  Debug.Print c          '読み込んだ値を表示
  Close #1               'ファイルを閉じる
```

1行目の「Openファイル名For Input As #1」がファイルを読み込むための命令である。

こう宣言することで、次行のLine Input #1, cが使えるようになる。これは、test1.csvの1行目、すなわち、「『01_Date,2019/01/01』をcに代入せよ」という命令である。その結果、次行のDebug.Print cを実行すると、「01_Date,2019/01/01」が表示される。

最後のClose #1はファイルを閉じる命令である。ファイルを閉じておかないと別のプログラムでアクセスできなくなるし、つぎのファイルを開くのにも支障が生じる。

さて、つぎに問題なのが、どうやってすべての行を読み込むかである。読み込む操作を何回も繰り返せばよいので、For Nextループを使えばよい。また、ループごとに違う変数に保存しないと前のデータが消えてしまうので、配列も使う必要がある。この考え方は、シートに書かれたデータ列を読み込むのと大差はない。以下がそのプログラムである。

```
Dim dat(1000)
Open "C:¥Users¥ampi¥Desktop¥test1.csv " For Input As
#1
  For i = 1 To 1001
    If EOF(1) Then
      GoTo lend
    Else
      Line Input #1, dat(i)
      Debug.Print dat(i)
    End If
  Next i
lend:
  nd = i - 1
```

```
    Debug.Print nd
  Close #1
```

　このプログラムは、最初の行でcsvファイルのデータを保管する配列を定義している。配列は想定される行数より十分大きくする必要がある。また、Forの行では、最大の数を配列の大きさ（1000）より1つ大きく（1001）設定している。このように設定しておくと、行数が想定より大きい場合にエラーとなるので（「i」が1001になった時、7行目のLine Input文でエラーとなる）、想定外のミスを防げる。

　4行目の`If EOF(1)Then`に使われているのは、EOF（End Of File）関数である。VBAは、開いたファイルが読み込んでいる場所を記憶しており、読込み指示があるとその場所のつぎから読込みを開始する。EOF関数は、読み込んでいる場所がファイルの最後に達し、それ以上読み込むデータがなくなった時に「真」、それ以外は「偽」となる関数である。この結果、このIf文では、ファイルの最後だと「Then」に続く命令文を実行し、終わるまでは「Else」に続く命令文を実行する。

　まず、「Then」に続く命令文だが、ファイルが終わってしまえば、それ以上ループを繰り返す必要はないので、GoTo文を使ってループの外にワープする。なお、ワープした時の「i」は、データの数より1つ大きい値となるので、ワープ後にデータの数（nd）を変数に保存しておく（nd = i − 1）。一方、ファイルが終わるまでは、「Else」に続く命令文が実行され、配列「dat(　)」に順次データを入力していく。

　以上で、csvファイルがdat(　)にすべて読み込まれたことになる。

　つぎの問題は、「01_Date,2019/01/01」を「01_Date」という文字列と「2019/01/01」という日付変数に分けるにはどうしたらよいかである。この目的のため、VBAにはSplit関数がある。この関数は、「変数名 = Split（文字列, ","）」という形で呼び出す関数で、文字列を、後ろにある区切り文字で区切った複数のデータに分割し、変数に代入する。複数のデータを保存する必要があるため、変数は自動的に配列となる。以下の例で見てみよう。

```
  a = Split("a,b,c", ",")
  Debug.Print a(0), a(1), a(2)
```

　これを実行すると「a　b　c」が表示され、「"a,b,c"」という文字列に分かれて入力されていることがわかる。すなわち、1行で入力されたcsvファイル（カ

ンマ区切りの文字列データ）のデータを分けることができるのだ。この作業を、先ほどの読込みのコードに付け加えれば、csvファイル読込みのルーチンは完成する。以下にそのコードを示す。なお、このコードはダウンロードページからダウンロードできる。

```
Dim dat(1000), tit(1000), tm(1000)
'ファイルの読込み
Open "C:\Users\ampi\Desktop\test1.csv " For Input As
#1
    For i = 1 To 1000
        If EOF(1) Then
            GoTo lend
        Else
            Line Input #1, dat(i)
        End If
    Next i
lend:
Close #1
nd = i - 1
'読み込んだデータの仕分け
For i = 1 To nd
    temp = Split(dat(i), ",")
    tit(i) = temp(0)
    tm(i) = temp(1)
    Debug.Print dat(i), tit(i), tm(i)
Next i
```

　以上で、IoTでよく使う基本的なマクロ構文の解説は終了である。本章の最初でも述べたように、これだけ知っていれば、ウェブ検索を利用しながら、第3章で紹介したデータ分析システムの構文を理解できる。使われているロジックがわからなくても、構文が理解できればある程度のカスタマイズは可能だろう。

　少々カスタマイズできたとしても、データ分析のような難しいプログラムをつくるにはほど遠いという声も聞こえてきそうだが、それは確かにその通りで

153

ある。このレベルのプログラムを本業ではなく、片手間にやってつくれるように
なるには、最低でも数年はかかるだろう。しかし、少し考えてみてほしい。
本書をここまで読んでちょっとしたプログラムをつくれるようになった読者の
皆さんを、マクロに取り組んだことのない人が見たらどう思うだろうか。実
は、すんなりマクロに着手できるだけでも大きな進歩なのである。

　ウェブを参照しながら、ちょっとした業務のルーチンワークを自動化する練
習を積み重ねれば、確実にスキルは磨かれていく。ウェブには無料のマクロ解
説講座も数多くある。日頃の修練さえ怠らなければ、数年も経てば自然とかな
りのマクロをつくれるようになるだろう。本書の解説がそのきっかけになれば
幸いである。

付録 1 WinSCP（フリーソフト）を用いた ラズベリーパイ内のファイル参照

　Sambaを使うと、Windows標準のエクスプローラを使ってラズベリーパイのファイルが参照できるようになるので便利である。また、エクセルVBAから直接ファイルを読めるというメリットもある。しかし、Windows Updateなどで使用できなくなる場合もあったため（「KB4480970　Windows　アップデート　Samba」で検索してみてほしい）、その回避策としてSambaの代わりに、WinSCPを用いたラズベリーパイ内のファイル参照方法とVBAからの参照方法を解説する。

（1）ラズベリーパイ側の準備（SSH通信を有効にする）

　以下の操作の前提として、PCとラズベリーパイのリモートデスクトップ接続は終了している（IPアドレスの固定と通信はできている）ものとする。

①リモートデスクトップからLXTerminalを起動して`sudo raspi-config`を入力する。

```
ファイル(F)  編集(E)  タブ(T)  ヘルプ(H)
pi@raspberrypi:~ $ sudo raspi-config
```

②出てきた設定画面から「↓」キーで「Interfacing Options」を選択して「Enter」キーを押す。

```
      ┤ Raspberry Pi Software Configuration Tool (raspi-config) ├──
  1 Change User Password        Change password for the current u
  2 Network Options             Configure network settings
  3 Boot Options                Configure options for start-up
  4 Localisation Options        Set up language and regional sett
  5 Interfacing Options         Configure connections to peripher
  6 Overclock                   Configure overclocking for your P
  7 Advanced Options            Configure advanced settings
```

155

③出てきた画面から「↓」キーで「SSH」を選択して「Enter」キーを押す。

```
P1 Camera                      Enable/Disable connection to the
P2 SSH                         Enable/Disable remote command lin
P3 VNC                         Enable/Disable graphical remote a
```

④つぎに出てくる以下の画面から、「←」キーで「＜はい＞」を選択して「Enter」キーを押す。

```
Would you like the SSH server to be enabled?
   <はい>                      <いいえ>
```

⑤すると、「＜了解＞」が表示されるので「Enter」キーを押す（SSH通信の有効化完了）。

あとは「→」キーで「＜Finish＞」を選択し、「Enter」キーを押して終了する。

（2）PC側の準備（WinSCPのインストール）

①「WinSCP　ダウンロード」で検索し、窓の杜などのダウンロードサイトからセットアッププログラムをダウンロードする。

②セットアッププログラムを実行する。

以下の順に画面が進むので、以下、→で示すようにボタンをクリックする。

・このファイルを実行しますか？　→　　　「実行」ボタンをクリック

・コンピュータの変更を許可しますか？　→　「はい」ボタンをクリック

・不完全な翻訳を使用しようとします　→　［OK］ボタンをクリック

・使用許諾契約書の同意　　　→　　　　「許諾」ボタンをクリック

・標準的なインストール　　　→　　　　「次へ」ボタンをクリック

・初期設定　コマンダー　　　→　　　　「次へ」ボタンをクリック

・インストール準備完了　　　→　「インストール」ボタンをクリック

・セットアップドの完了　　　→　　　　　「完了」ボタンをクリック

③動作の確認

・ディスクトップ（もしくはスタートメニュー）に作成されたWinSCPのショートカットからWinSCPを起動する。

・下の画面が表示されるので、「ホスト名」にラズベリーパイのIPアドレス、「ユーザ名」にpi、「パスワード」には、ラズベリーパイにOSをインストールした時に設定したパスワード（デフォルトはraspberry）を入力し、「ログイン」ボタンをクリックする。

・「保存」ボタンをクリックすると、下のポップアップウインドウが開く。次回からの接続をさらに簡単にしたい場合は、「パスワードを保存」と「デスクトップにショートカットを作成」のチェックボックスにチェックを入れて「OK」ボタンをクリックする。

・WinSCPの画面の左側にPCのドキュメントフォルダ、右側にラズベリーパイのpiフォルダ（最初は空白）が表示されれば成功だ。

PC のドキュメントフォルダ　　　　　　ラズベリーパイの pi フォルダ

(3) エクセルVBAからのファイル読込み

　ここの仕組みは少々複雑なため、VBAに慣れていない人は読み飛ばしてほしい。最後に書かれているプログラム例をそのまま使っても特に問題はない。

　Samba が使える環境では、VBAから直接ラズベリーパイのファイルを指定してファイルを開いて（Open）データを参照できるが、WinSCPを使う場合は、一度ファイルをPCにコピーしてから、そのファイルをOpenしてデータを参照する必要がある。

　そのため、VBAを用いてWinSCPを起動し、WinSCPの機能でラズベリーパイからファイルをPCにコピーし、コピーしたファイルをVBAでOpenするという手続きになる。外部プログラムを起動する手続きとしては、VBAにShell関数が用意されているが、Shell関数は呼び出したプログラムの終了を確認せずにつぎの処理に移るため、WinSCPによるファイルコピーが終了する前に、ファイルを参照する可能性がある。そうなると、ファイル読取りエラーになるため、wshshellを使う（詳細は「wshshell　同期　マクロ」で検索してほしい）。

　一方、WinSCPには、自動化のためにコマンドライン[注1]によるパラメータの設定機能がある。これを用いてラズベリーパイから、目的のファイルをコピーする操作を自動化する。ラズベリーパイ上の「RPFile」という名前のファイルを「PCFolder」というフォルダにコピーする書式は以下の通りである。

　　`Path¥winscp.exe/console/command "option batch on" "open pi:PW@IPAddress" "get RPfile PCFolder" "exit"`

　`Path`、`PW`、`IPAddress`、`RPfile`、`PCFolder`をそれぞれの環境に従って設定する[注2]。

　この書式が動くかどうかを確認するには、コマンドプロンプトにこの文字列をコピペして実際に動作するかどうかを確かめる。コマンドプロンプト上で動けば、エクセルVBAから呼び出しても問題なく動作する。

注1）コマンドラインは、コマンドプロンプト（WindowsのPCを文字入力で操作する場合

付録

の操作窓）用の操作文字列である。Windowsのプログラムは、通常はアイコンをクリックして起動するが、コマンドプロンプト画面でプログラムの名前にフルパス（場所の名前）をつけて打ち込むことでも起動できる。プログラムの名前とフルパスは、ショートカットのアイコンを右クリックしてリンク先を見ることでわかる。例えば、筆者の環境では、エクセルのリンク先は「"C:¥Program Files¥Microsoft Office 15¥root¥office15¥ EXCEL.EXE"」となっている。コマンドプロンプトを開き（アクセサリフォルダやWindowsシステムツールフォルダにショートカットがある）、「"」を含めて上のリンク先をコピーし、貼りつける（コマンドプロンプトでは、貼付は右クリックメニューから行う）。「Enter」キーを押せば、エクセルが起動することを確かめてほしい。

注2）個々のパラメータの詳細は以下の通り。

・「Path：winscp.exe」があるフォルダ。筆者の環境では「C:¥Program Files(x86)¥WinSCP¥」となる。この名前を取得するには、まずWinSCPのショートカットを右クリックしてプロパティを開く。プロパティの「リンク先」に記入されているファイル名のうち、「winscp.exe」の前の部分がフォルダ名である。一方、フォルダを参照する際、VBAは空白のあるフォルダ名には対応していないため、MS-DOS8.3形式（フォルダ名の最初の6文字＋～＋番号：abc順にソートした番号）でフォルダ名を指定する必要がある（「" "」で囲ってもよいが、たまにエラーになる）。「Program Files(x86)」というフォルダは、同じフォルダにある「Progra」で始まるフォルダでは2つ目になるため、「Progra~2」というフォルダ名に変換する。すなわち、「C:¥Program Files(x86)¥WinSCP¥　→　C:¥ Progra~2¥WinSCP¥」となる。

・PW：ラズベリーパイにOSをインストールした時に設定したパスワード。

・IPAddress：固定したIPアドレス（例：192.168.10.129）。

・RPfile：ラズベリーパイのファイルもしくはフォルダをフルパスで指定する。なお、フォルダ名を指定した場合は、フォルダ内のすべてのファイルがコピーされる。
　【例】フォルダ指定「/home/pi/data/」　ファイル指定「/home/pi/data/ 001B190121.txt」

・PCFolder：ラズベリーパイのデータをコピーするPC上のフォルダ。フォルダ名は、そのフォルダにある任意のファイルを右クリックし、「場所」と書いてあるところにある文字列をコピーし、最後に¥をつけたものとなる。
　【例】：ドキュメントにある「iot_data」フォルダなら、「C:¥Users¥*** ¥Documents¥iot_data¥」、Dドライブなら「D:¥」。

ちなみに、筆者の環境でのラズベリーパイの「pi/data」フォルダにあるすべてのファイルをDドライブにコピーする書式は以下のようになる。

```
C:¥Progra~2¥WinSCP¥winscp.exe/console/command"option batch
on""open pi:PW@192.168.24.128""get/home/pi/data/D:¥""exit"
```

つぎに、これをエクセルのVBAから実行させることを考える。VBAから外部のプログラムを同期実行（外部プログラムの実行が終わるのを待って、それ以降のプログラムが実行される）させる場合には、wshshellを使う（cに外部プログラムのコマンドラインの文字列を格納）

```
Set wshshell = CreateObject("Wscript.shell")
    R = wshshell.Run(c, 4, True)
Set wshshell = Nothing
```

以下にwshshellを使ったサンプルプログラムを示す。

```
D_winscp = "C:¥Progra~2¥WinSCP¥"   'WinSCP.exeのあるフォルダ
名
pass = "PW"                        'ラズベリーパイのパスワード
ip_ad = "192.168.24.128"  'ラズベリーパイのIPアドレス
D_ras = "/home/pi/data/"  'ラズベリーパイのデータ格納フォルダ
D_PC = "C:¥Users¥Ampi¥Documents¥iot_data¥"
                                'PCのデータ格納フォルダ
F_name = "001B190121.txt" 'コピーするファイル名
```

'cに、WinSCP用の命令文を作成（以下は3行になっているが、実際には1行で書く）

```
c = D_winscp + "winscp.exe/console/command" + """option
batch on"" ""open pi:" + pass + "@" + ip_ad + """ ""get
" + D_ras + F_name + " " + D_PC + """ ""exit"""
'WinSCPを用いてデータをPC上にコピー
Set wshshell = CreateObject("Wscript.shell")
    R = wshshell.Run(c, 4, True)
Set wshshell = Nothing
'PCにコピーされたデータファイルの読込み
Open D_PC + F_name For Input As #1
    Line Input #1, data_id     'データの読込み
        .
        .
        .
        .
Close #1
```

付録

付録2 不良数を数えるサンプルプログラム

　以下に、不良数を数えるサンプルプログラムを示す。書式については第5章で説明してある。また、動作については、このプログラムを含むエクセルブックをダウンロードページ（1ページ参照）からダウンロードできるので、それを確認してほしい。

```
Dim gosa(10000)
kizyun = Cells(3,3)
n = Cells(10000,2).End(xlUp).Row
n_data = n - 7
n_NG = 0
For i = 1 To n_data
    gosa(i) = Cells(i + 7,2)
    Debug.Print i, gosa(i)
    If gosa(i) <= kizyun Then
        Cells(i + 7,3) = "良"
    Else
        Cells(i + 7,3) = "不良"
        n_NG = n_NG + 1
    End If
Next i
Cells(4,3) = n_data
Cells(5,3) = n_NG

End Sub
```

161

付録3 現品票を自動印刷するマクロの作成方法

　このサンプルマクロは、1枚目のシート「シート名：入力用」にインプットされたデータをもとに、2枚目のシート「シート名：印刷用」をひな形として、「作成」ボタンをクリックすることで、3枚目以降に次頁の図のようなバーコード付き現品票を自動作成し、印刷を指定すれば自動印刷までやるマクロ付きのブックである。事前の準備として、フォントCode39をインストールしておく必要がある。

　なお、本解説を読む際には、あらかじめダウンロードページ（1ページ参照）より当該ブックをダウンロードし、それを参照しながら読んでほしい。

　作成は以下の手順で行う。

①バーコード付きの現品票のフォーマットを決める。

②入力シートのフォーマットを決める。

③現品票を自動印刷するために必要な作業をまとめ、フローチャートを作成する（任意）。

④入力シートと空の現品票シートを作成する。

⑤マクロボタンと、それにリンクした空のVBAプロジェクトを作成する。

⑥「マクロの記録」を使って、別のプロジェクトに「シートのコピー」や「印刷」のコードを作成し、中身を閲覧して大体の機能を想定する。

⑦フローチャートに従い、コーディングする。

⑧コードを実行し、動かないところを修正する（最初はほぼ動かない）。

　それでは、手順に従って現品票自動印刷マクロを作成してみよう。

①バーコード付きの現品票のフォーマットを決める

　まず、製品を特定するために現品票に記入する情報を決める。確実に必要なのは、製品との紐づけに必要な製造番号である。製品をロット単位で流すのなら、ロット番号が必要になるだろう。また、生産現場ですぐに確認できたほうが都合のよい情報は、現品票に記入して製品と一緒に動かしたほうがよい。

　体裁については、まず大きさを決めたほうがよい。あまり大きすぎると製品と一緒に動かしにくくなるし、小さすぎると視認性が悪くなる。

付録

②**入力シートのフォーマットを決める**

　入力シートに記入するのは、現品票に記入する情報とマクロをコントロールするために必要な情報（印刷が必要かどうか、など）、必須ではないがマクロが正常終了したかどうかを表示する欄、およびマクロを起動させるためのボタンである。具体例は、ダウンロードしたファイルを参考にしてほしい。

　なお、最初にフォーマットを決めるのは、あとでシートのレイアウトを変更すると、マクロで変更する必要があるため、マクロを作成する前にレイアウトを確定させたいためである。

　例を挙げてみよう。シートの表の上にもう1行必要となって行を挿入したとする。この場合、例えば「B5」のセルは「B6」に変わってしまう。シート上の式は、行を挿入すると追随して変化するので問題ないが、マクロ内のセル指

163

定は変化しない。このため、シートをレイアウト変更するとマクロのセル指定を書き直さなければならなくなるのだ。

　慣れてくれば、セルにつけた名前は表を移動させると一緒に移動することを利用して、表の起点のセルに名前をつけ、そこからの相対座標でセルを指定することでマクロ製作後のレイアウト変更の影響を受けにくいコードも作成できる。以下を参考にしてほしい。

（ⅰ）シートの右上にある「名前ボックス」（通常 A1 などが書いてあるボックス）に適当な名前を入力する（下図では「B2」に「ST」という名前をつけている）。

（ⅱ）名前がついていると、マクロからセルの値や位置を以下の書式で参照できるようになるので、それを用いてそれに関連するセルを指定する。

```
a = ActiveSheet.Range("ST").Value        （a：値）
ST_r = ActiveSheet.Range("ST").Row       （ST_r：行番号）
ST_c = ActiveSheet.Range("ST").Column    （ST_c：列番号）
```

STというセルの1つ下のセル（この例では「B3」）なら「Cells(ST_r + 1, ST_c)」となる。

③現品票を自動印刷するのに必要な作業をまとめ、フローチャートを作成する

　フローチャートといっても、そこまで細かく考える必要はない。どんな作業が必要になるのかを整理するのが目的なので、手作業で印刷用のシートを作成する手順を想定し、それをそのままフローチャートの形に書いてみる。そうやってプログラムの大体の流れを把握すれば、必要なデータが抜けていないか、プログラムの制御に必要なパラメーターは網羅しているかなどのチェックができるはずだ。

　このプログラムのざっくりとしたフローチャートを示す。

付録

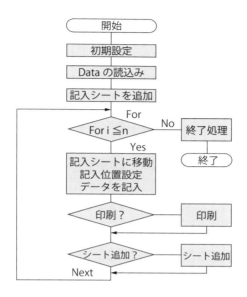

　以下に、各作業項目でどんな作業を想定しているのかを補足する。
・初期設定：配列の宣言、Mibarcodeの設定など。
・Dataの読込み：「入力用」シートに書き込まれたDataをマクロに読み込む。
・記入シートを追加：「印刷用」はひな形なので、それにそのまま記入はせず、必要に応じてコピーして使う。ここでは最初の1枚を追加している。
・i≦n：For…Next文。n（データの数）の分だけ繰り返す。
・バーコードを作成しクリップボードにコピー：Mibarcodeを使ってバーコードを作成し、クリップボードに保存する。
・記入位置設定、バーコードなどを記入：順番に応じてバーコードを記入する位置を設定し（印刷用紙に6つの現品票を作成するため、順番によって印刷位置が異なる）、クリップボードのバーコードを貼りつける。
・印刷？：1枚の紙に、6つの現品票を印刷するので、印刷する条件は1枚にすべてデータを書き込んだ場合、もしくは最後のデータになった場合となる。例えば15枚の現品票を印刷する場合、6枚目と12枚目で6つ分を印刷し、15枚目で3つの現品票と3つの空の現品票を印刷する。
・シート追加？：シートを追加するのは、6枚の現品票をシートに記入して、さらに記入すべきデータが余っている場合となる。例えば、データが15個

165

の場合は6枚目と12枚目にシートを追加する。

④入力シートと空の現品票シートを作成する

　以下の解説については、ダウンロードしたブックを見ながら読み進めてほしい。ブックには、入力シートと空の現品票シートという2枚のシートが準備されている。マクロを組む前に、まずこれらのシートを作成する。なぜなら、データの読込みや記入に、これらのシートのセル番地が必要になるからだ。

　入力用のシートで気をつけるのは、製作番号の下は適宜データをつけ加えられるように空白にしておくことと、シートの上部に、共通のデータとVBAに渡すデータのセルとボタンを作成するエリアをつくっておくことである。

　印刷用の場合は、6枚の現品票が見栄えよく均等に配置されるように、エクセルの上部にあるメニュー「ページレイアウト」の中の「余白」メニューから、「ユーザー設定の余白」を選択し、余白を適当に設定すると同時に、セルの大きさ（行の高さ、列の幅）も適当に設定する必要がある。余白の数値などに関しては、ダウンロードしたファイルを参照してほしい。

　ここまで準備ができたら、あとはコーディングである。第5章を読んだ読者なら、ダウンロードしたファイルのコードを参照できるはずだ。コードには注釈もついているので、それを参考にしながら、フローチャートと照らし合わせて全体の構成を把握してほしい。わかりにくいのは、自動的にシートを追加していく機能だと思うが、これはデータを6つ記入した時点で、データが余っている場合にはシートを追加、余っていない場合は終了という処理を繰り返すことで実現している。

付録4 オフラインヘルプの使い方

　VBAのオンラインヘルプは複雑になりすぎて、全体像を把握するのが難しい。マイクロソフトオフィスにはいまでもほぼ問題なく使える昔のヘルプファイルが同梱されている。こちらのほうが全体像の把握には向いているので、参照してみることをお勧めする。使い方は以下の通りだ。

①エクセルがインストールされているPCのCドライブから「VBUI6.CHM」という名前のヘルプファイルを検索する。なお、検索には数分〜1時間かかる。

②出てきたファイルを右クリックしてメニューを開き、「ファイルの場所を開く」（下図）をクリックする。そこにあるファイルの中から、VBUI6.CHMを選び、右クリックメニューでショートカットを作成し（さらに下の図）、つくったショートカットをデスクトップに移動する。同様に、「VBENDF98.CHM」のショートカットも作成する。

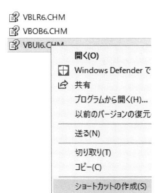

③ショートカットを実行（ダブルクリック）することで起動できる。VBUI6.CHMがヘルプファイル、VBENDF98.CHMが用語解説となっているので、適宜参考にしてほしい。

　お勧めは、VBUI6.CHMのほうの「インデックス／一覧」（次頁の図）にある目的別キーワード一覧である。文字列操作の一覧やフォルダとファイルに関する一覧など、カテゴリー別にキーワードがまとめられてあるので使いやすい。

付録5 データ分析、グラフ化マクロの詳細

(1) マクロの目的
ラズベリーパイで構成するバーコードシステムにより取得されたデータを、「製品番号」と「製造期間」をキーワードとして選別し、ガントチャート風のグラフと工程別時間分布のグラフを作成する。

(2) 使い方
このマクロには、各種入力エリアと6つのマクロボタンが設置されている。それぞれの使い方は以下の通りだ。

①入力エリア
マクロの入力エリアは、「データ一覧」シート（次頁の図）の1行目のセル、および「取説ほか」シート（次頁の図）の1列目である。以下、各入力エリアの入力項目について説明する。

②入力項目
（i）KY1、KY2

このマクロでは、製品番号として以下を想定している。

付録

入力エリア

A	B	C	D	E	F	G	H	I	J	K	L	M	N
KY1	KY2	Barcord System 解析用マクロ		コメント		開始日	終了日	更新日時	データ数	ステージ	フォルダ	# pf RP	RP_IPAd 1
						19/2/5	19/4/19	2/22 14:13	300	20	C:¥work¥a	1	¥¥192.168.24.128
全取得	更新	分析開始	進捗図	時間分布	消去								
K1	K2	品番	BCP1	BCP2	BCP3	BCP4	BCP5	BCP6	BCP7	BCP8	BCP9	BCP10	BCP11
B	N	00001	2/5 8:53	2/5 9:43	2/5 10:03	2/5 11:21	2/5 11:26	2/5 14:49	2/5 15:33	2/5 20:24	2/5 20:31	2/5 21:20	2/5 21:25
B	L	00002	2/5 9:22	2/5 10:38	2/5 10:51	2/5 11:50	2/5 11:59	2/5 18:03	2/5 18:49	2/6 1:54	2/6 2:01	2/6 2:48	2/6 2:53
B	W	00003	2/5 10:29	2/5 11:24	2/5 11:39	2/5 12:56	2/5 13:01	2/5 16:24	2/5 17:11	2/5 22:52	2/5 22:58	2/5 23:39	2/5 23:44
B	O	00004	2/5 12:22	2/5 13:07	2/5 13:20	2/5 14:25	2/5 14:31	2/5 20:07	2/5 20:49	2/6 1:56	2/6 2:04	2/6 3:18	2/6 3:20
A	L	00005	2/5 12:24	2/5 15:04	2/5 15:21	2/5 16:22	2/5 16:30	2/5 19:52	2/5 20:40	2/6 4:55	2/6 5:07	2/6 5:56	2/6 6:01
B	Y	00006	2/5 13:06	2/5 13:57	2/5 14:16	2/5 15:05	2/5 15:12	2/5 18:35	2/5 19:14	2/6 3:18	2/6 3:29	2/6 4:38	2/6 4:43

メイン画面：「データ一覧」シート

入力エリア

A	B	C	D	E	F	G	H	I	J	K
消去	【マクロの目的】									
製品番号	ラズベリーパイで構成するバーコードシステムにより取得されたデータを、製品番号と製造期間をキーワードとして									
BN00001	選別し、ガントチャート風のグラフと、工程別時間分布のグラフを作成する。									
BL00002										

サブ画面：「取説ほか」シート

「**#####」の「**」はアルファベットもしくは数字、「#」は数字。

【例】 AB12345　5Q50012 5510001など

　KY1に何かの文字が入ると、この最初の2文字の1文字目がKY1と等しいデータのみ選択して表示する。

　KY2に何かの文字が入ると、この最初の2文字の2文字目がKY2と等しいデータのみ選択して表示する。

　なお、全角文字や小文字が入った場合は無視される。

　KY1に「?」が入った場合、このシートの左端にある製品番号と一致するデータのみ表示する。

（ⅱ）開始日、終了日

　この範囲にあるデータを選択して表示する。

（ⅲ）ステージ

　バーコードリーダーの数を記入する。

（ⅳ）フォルダ

　バーコードリーダーのデータが保存されているフォルダ。

（ⅴ）# pf RP

　ラズベリーパイの数。この数だけIPアドレスを書き込む必要がある。

169

（ⅵ）RP_IPAd1〜RP_IPAd?

　各ラズベリーパイのIPアドレスの頭に「¥¥」をつけたもの（エクスプローラのフォルダ名）。ラズベリーパイの数だけ用意する必要がある。

（3）マクロボタンの機能
　以下にマクロボタンの機能を説明する。

①分析開始：Subデータ分析（　）にリンク
　このマクロは、設定された条件のデータに対し、製品番号別の取得時間の一覧表をつくる。「進捗図」を見る場合、データの数が多すぎると状況がわかりにくくなり、「時間分布」を見る時には、製品ごとの比較をする際に製品を選択することが重要になる。

　以後の解析では、この一覧にあるデータの中から分析したいものを目的に合わせて選択し、グラフ化することでさまざまな比較を行える。なお、選択したいものがあらかじめわかっている場合は、「KY1、KY2」「開始日」「終了日」および「製品番号」（「取説ほか」タブに記入欄あり）を使っても選択できる。

　なお、ここでつくられる表は、エクセルのデータタブの「並べ替え」や「フィルター」が使いやすい形式になっている。表の任意のセルにカーソルを置き、「並べ替え」や「フィルター」を選択すれば表を選択できる。

　「並べ替え」を行うと、「進捗図」に表示されるデータの配列が変わる。

　「フィルター」は不要な行の削除に使う。例えば、品番の300〜400のデータを残したい場合、「フィルター」で「300未満、400より大きいデータ」を選択し、行番号が青色になった行をすべて選択して削除する。その後、「フィルター」を解除すれば、300〜400のデータだけが残ることになる。

②進捗図：Subガントチャート（　）にリンク
　データ一覧に表示されたデータをもとにガントチャート風のグラフを作成する。作成したグラフは、新しくシートを作成して追加されていくので、最初にこのエクセルブックを分析用にコピーし、分析にはコピーしたブックを使うことをお勧めする。

③時間分布：Sub 時間分布（　）にリンク

　データ一覧に表示されたデータをもとに工程別時間分布のグラフを作成する。

④更新：Sub ファイルコピー（　）にリンク

　当日のデータをラズベリーパイからファイル単位でコピーする。

⑤全取得：Sub フォルダコピー（　）にリンク

　ラズベリーパイのデータフォルダをまとめてコピーする。

⑥消去：Sub データクリア（　）、Sub 製番消去（　）にリンク

　「データ一覧」シートでは、表題とデータおよびコメント欄を消去する。「取説ほか」シートでは品番を消去する。

　なお、各マクロのコードについては、ダウンロードしたファイルを参照してほしい。

索　引

〈英数字〉

&	147
¥	146
1次元配列	130
2次元配列	130
And	147
autostart	78
Avidemux	89
Basicの基本構文	125
Cells	127
Code39	73
Code128	73
csvファイル	149
Debug.Print	125
Dim宣言	130
Else	135
Else If	135
End If	135
End Sub	124
End（xlUp）.Row	132
EOF（End Of File）関数	152
Format	148
For Nextループ	128
Game DVR	84
GoTo	144
HDMI	43
If	135
If分岐	134
IoT	5
IPアドレス	54
IPアドレスの固定	59
LAN（構内ネットワーク）	35
Linux	77

LXTerminal	55
Mam's AVI Maker	94
Mibarcode	73
MJPG-streamer	84
Mod	146
Module	145
motion	90
nano	59
NOOBS	47
Not	147
Now関数	142
Or	147
PDCAサイクル	108
PID	88
Python	41
Python3	77
Raspberry Pi	9
Raspbian	40
Reboot	53
RFID（無線識別）タグ	34
samba	54
SD Card Copier	67
SDカードフォーマッター	45
Shell関数	158
Split関数	152
Sub	124
Text Editor	86
Then	135
Thonny Python IDE	76
VBA	118
VBE	118
VBENDF98.CHM	167
VBUI6.CHM	167

Wi-Fi	40
WinSCP	66、155
wshshell	158
xrdp	54

〈あ〉

アドバイザー	30
アドレスバー	66
アプリ	62
イノベーション	22
イミディエイトウインドウ	123
ウェブカメラ	39
エクスプローラ	65
エクセル	9
エクセルVBA	40
エクセルマクロ	117
エクセルマクロ有効ブック	123
エディタ操作	64
演算子	118
オンラインストレージ	9
オンラインヘルプ	145

〈か〉

改行コード	77
階乗	147
改善活動	13、107、108
開発指向	18
カウンタ	136
隠しフォルダ	78
拡張子	77
カスタマージャーニーマップ	28
カスタマイズ	7
画像検索	20
カメラモジュール	82
監視	83
監視カメラ	35

ガントチャート	99
管理者権限	55
技術者的発想	27
共通費	111
記録終了ボタン	122
クイックアクセスツールバー	118
クラウド	9
クラウドストレージ	9
クリップボード	165
原価の見える化	26
検索キーワード	19
検索条件	20
現品票	39
コーディング	166
コード	118
コードウインドウ	123
コードの表示	119、121
顧客目線	27
コピー＆ペースト	62
個別原価	26
コマンド	63
コマンド入力	62
コマンドプロンプト	158
コマンドライン	54
コメントアウト	86

〈さ〉

再起動	53
最小値	105
最大値	105
魚の骨	110
作業記録カメラシステム	96
サンプルプログラム	93
サンプルマクロ	93
仕掛かり状況	36
仕掛品	13

173

時間分布	171	直行率	34
辞書的な使い方	18	定量化	11、15
システム設計	34	データ転送	35
四則演算	146	データファイル	62
実行ボタン	123	テキストエディタ	59、86
自動起動	70	テキストファイル	150
自動計測	16	デザイン思考	22
シナジー効果	26	同期実行	159
小規模運用	38	導入準備	38
状況調査	38	特性要因図	110
小集団活動	33	特注仕様	22
仕様調査	38		
情報探索的な使い方	18	**〈な〉**	
ショートカットキー	62	入力シート	166
シリアル値	142、148	ネット検索	18
人材育成	31		
進捗図	170	**〈は〉**	
スキル	11、18	バーコード	11
スマートフォン	9	バーコード入力システム	12
スモールスタート	24	バーコードリーダー	13
スライダー	120	配列	118
生産現場	7	バグ	117
生産指向的	22	パスワード	52
生産性	108	バッチファイル	85
生産性改善	13	バラツキ	33
生産性向上	25	非定常処理	32
製造原価	27	標準偏差	105
セル指定	164	標準モジュールフォルダ	124
センサー	9	ファイルマネージャ	69
		フィードバック	13
〈た〉		フィルター機能	97
大規模システム	9	フォームコントロール	120
ダブルクォーテーション	127	フォント	72
段取り替え	33	付加価値向上	27
チーム結成	38	部分最適	21
逐次近似法	20	フラッグ	144

フリーソフト	89	マクロボタン	143
不良率	17	見える化	13
不良率低減	26	無線LAN	40
フルパス	150	メンテナンス	100
ブレインストーミング	23	目標設定	109
フレームレート	86	文字列操作	118
フローチャート	137	モチベーション	28
プログラム	40、118		
プロジェクトウインドウ	123		

〈ら〉

ラズベリーパイ	9
ラズベリーパイ3	42
ラズベリーパイID	74
ラズベリーパイzero	42
ラズベリーパイZero W	72
ラズベリーパイZero WH	72
リセットボタン	124
リモートデスクトップ	54
ルーター	44
レイアウト	163
ローカルネットワーク	54
ロードマップ	29
論理演算子	147

プロジェクトチーム … 29
プロトタイプ … 113
分析開始 … 170
平均値 … 105
ヘルプ … 145
変数名 … 125

〈ま〉

マイクロSDカード … 42
マイクロSDカードリーダー … 42
マクロ … 117
マクロ構文 … 153
マクロ付きブック … 124
マクロの記録 … 117
マクロの登録 … 121

〔著者略歴〕

永山　貴久（ながやま　たかひさ）

1960年　宮崎県生まれ。
1987年大阪大学工学部 応用物理学研究科 修士課程修了。
同年 三菱電機入社。同社の生産技術研究所（現生産技術センター）に所属し、工場との共同によるコストダウンプロジェクト（生産性向上・不良率改善・原価低減開発など）の策定・支援に従事する。
2016年 一般社団法人近畿高エネルギー加工技術研究所に出向。中小企業の技術支援（ジグ製作、設計検討、電磁界解析、コストダウンなど）を実施する。
2012年に技術士（原子力・放射線部門）、2017年に中小企業診断士の資格を取得する。

中小工場のための IoT 構築入門
ー低コストで簡単にシステムをつくるー

NDC509

2019年 5 月30日　初版 1 刷発行

定価はカバーに表示してあります。

© 著　者　　永　山　貴　久
発 行 者　　井　水　治　博
発 行 所　　日 刊 工 業 新 聞 社
〒103-8548　東京都中央区日本橋小網町14-1
電話　書籍編集部　03-5644-7490
　　　販売・管理部　03-5644-7410
　　　FAX　　　　　03-5644-7400
振替口座　00190-2-186076
URL　http://pub.nikkan.co.jp/
e-mail　info@media.nikkan.co.jp

DTP・印刷・製本　新日本印刷

落丁・乱丁本はお取り替えいたします。　　　2019　Printed in Japan
ISBN 978-4-526-07980-1

本書の無断複写は、著作権法上の例外を除き、禁じられています。